涵芬楼宋刊本

资治通鉴

简化字点校本

线装书局

资治通鉴卷第一百九

晋纪三十一 强圉作噩，一年

安皇帝甲

隆安元年（丁酉，公元三九七年）

春，正月，己亥朔，帝加元服，改元。以左仆射王珣为尚书令；领军将军王国宝为左仆射，领选，仍加后将军、丹杨尹。会稽王道子悉以东宫兵配国宝，使领之。

燕范阳王德求救于秦，秦兵不出。邺中恟惧。贺赖卢自以魏王珪之舅，不受东平公仪节度，由是与仪有隙。仪司马丁建阴与德通，从而构间之，射书入城中言其状。甲辰，风霾，昼晦。赖卢营有火，建言于仪曰：『赖卢烧营为变矣。』仪以为然，引兵退。赖卢闻之，亦退。建帅其众诣德降，且言仪师老可击。德遣桂阳王镇、南安王青帅骑七千追击魏军，大破之。

燕主宝使左卫将军慕舆腾攻博陵，杀魏所置守宰。

王建等攻信都，六十馀日不下，士卒多死。庚申，魏王珪自攻信都。壬戌夜，燕宜都王凤逾城奔中山。癸亥，信都降魏。

凉王光以西秦王乾归数反覆，举兵伐之。乾归群下请东奔成纪以避之，乾归曰：『军

之胜败，在于巧拙，不在众寡。光兵虽众而无法，其弟延勇而无谋，不足惮也。且其精兵尽在延所，延败，光自走矣。』光军于长最，遣太原公纂等帅步骑三万攻金城；乾归帅众二万救之，未至，纂等拔金城。光又遣其将梁恭等以甲卒万馀出阳武下峡，与秦州刺史没弈干攻其东，天水公延以枹罕之众攻临洮、武始、河关，皆克之。乾归使人绐延云：『乾归众溃，奔成纪。』延欲引以轻骑追之，司马耿稚谏曰：『乾归勇略过人，安肯望风自溃？前破王广、杨定，皆羸师以诱之。今告者视高色动，殆必有奸，宜整陈而前，使步骑相属，俟诸军毕集，然后击之，无不克矣。』延不从，进，与乾归遇，延战死。稚与将军姜显收散卒，还屯枹罕。光亦引兵还姑臧。

秃发乌孤自称大都督、大将军、大单于、西平王，大赦，改元太初。治兵广武，攻凉金城，克之。凉王光遣将军窦苟伐之，战于街亭，凉兵大败。

燕主宝闻魏王珪攻信都，出屯深泽，遣赵王麟攻杨城，杀守兵三百。宝悉出珍宝及宫人募郡国群盗以击魏。

二月，己巳朔，珪还屯杨城。没根兄子丑提为并州监军，闻其叔父降燕，惧诛，帅所部兵还国作乱。珪欲北还，遣其国相涉延求和于燕，且请以其弟为质。宝闻魏有内难，不许，使冗从仆射兰真责珪负恩，悉发其众步卒十二万、骑三万七千屯于曲阳之柏

肆，营于滹沱水北以邀之。丁丑，魏军至，营于水南。宝潜师夜济，募勇敢万馀人袭魏营，宝陈于营北以为之援。募兵因风纵火，急击魏军，魏军大乱，珪惊起，弃营跣走；燕将军乞特真帅百馀人至其帐下，得珪衣靴，既而募兵无故自惊，互相斫射。珪于营外望见之，乃击鼓收众，左右及中军将士稍稍来集，多布火炬于营外，纵骑冲之。募兵大败，还赴宝陈，宝引兵复渡水北。戊寅，魏整众而至，与燕相持，燕军夺气。宝引还中山，魏兵随而击之，燕兵屡败。宝惧，弃大军，帅骑二万奔还。时大风雪，冻死者相枕。宝恐为魏军所及，命士卒皆弃袍仗、兵器数十万，寸刃不返，燕之朝臣将卒降魏及为魏所系虏者甚众。先是，张衮尝为魏王珪言燕秘书监崔逞之材，珪得之，甚喜，以逞为尚书，使录三十六曹，任以政事。

魏军士有自柏肆亡归者，言大军败散，不知王处。道过晋阳，晋阳守将封真因起兵攻并州刺史曲阳侯素延，素延击斩之。

南安公顺守云中，闻之，欲自摄国事。幢将代人莫题曰：『此大事，不可轻尔，宜审待后问；不然，为祸不细。』顺乃止。顺，什翼犍之孙也。贺兰部帅附力眷、纥邻部帅匿物尼、纥奚部帅叱奴根皆举兵反，顺讨之，不克。珪遣安远将军庾岳帅万骑还讨三部，皆平之，国人乃安。

珪欲抚慰新附，深悔参合之诛，素延坐讨反者杀戮过多，免官；以奚牧为并州刺史。牧与东秦主兴书称『顿首』，与之均礼。兴怒，以告珪，珪为之杀牧。

己卯夜，燕尚书郎慕舆皓谋弑燕主宝，立赵王麟；不克，斩关出奔魏。麟由是不自安。

三月，燕以仪同三司武乡张崇为司空。

初，燕清河王会闻魏军东下，表求赴难，燕主宝许之。会初无去意，使征南将军库傉官伟、建威将军馀崇将兵五千为前锋。崇，嵩之子也。伟等顿卢龙近百日，无食，啖马牛且尽，会不发。宝怒，累诏切责；会不得已，以治行简练为名，复留月馀。时道路不通，伟欲使轻军前行通道，侦魏强弱，且张声势；诸将皆畏避不欲行。馀崇奋曰：『今巨寇滔天，京都危逼，匹夫犹思致命以救君父，诸君荷国宠任，而更惜生乎！若社稷倾覆，臣节不立，死有馀辱。诸君安居于此，崇请当之。』伟喜，简给步骑五百人。崇进至渔阳，遇魏千馀骑，崇谓其众曰：『彼众我寡，不击则不得免。』乃鼓噪直进，崇手杀十馀人。魏骑溃去，崇亦引还，斩首获生，具言敌中阔狭，众心稍振。会乃上道徐进，是月，始达蓟城。

魏围中山既久，城中将士皆思出战。征北大将军隆言于宝曰：『涉珪虽屡获小利，

然顿兵经年，凶势沮屈，士马死伤太半，人心思归，诸部离散，正是可破之时也。加之举城思奋，若因我之锐，乘彼之衰，往无不克。如其持重不决，将卒气丧，日益困逼，事久变生，后虽欲用之，不可得也！」宝然之。而卫大将军麟每沮其议，隆成列而罢者，前后数四。

宝使人请于魏王珪，欲还其弟觚，割常山以西皆与魏以求和。珪许之；既而宝悔之。己酉，珪如卢奴，辛亥，复围中山。燕将士数千人俱自请于宝曰：「今坐守穷城，终于困弊，臣等愿得一出乐战，而陛下每抑之，此为坐自摧败也。且受围历时，无他奇变，徒望积久寇贼自退。今内外之势，强弱悬绝，彼必不自退明矣，宜从众一决。」宝许之。隆退而勒兵，召诸参佐谓之曰：「皇威不振，寇贼内侮，臣子同耻，义不顾生。今幸而破贼，吉还固善；若其不幸，亦使吾志节获展。卿等有北见吾母者，为吾道此情也！」乃被甲上马，诣门俟命。麟复固止宝，众大忿恨，隆涕泣而还。

是夜，麟以兵劫左卫将军北地王精，使帅禁兵弑宝。精以义拒之，麟怒，杀精，出奔西山，依丁零馀众。于是城中人情震骇。宝不知麟所之，以清河王会军在近，恐麟夺会军，先据龙城，乃召隆及骠骑大将军农，谋去中山，走保龙城。隆曰「先帝栉风沐雨以成中兴之业，崩未期年而天下大坏，岂得不谓之孤负邪！今外寇方盛而内难复起，骨肉乖离，百姓疑惧，诚不可以拒敌；北迁旧都，亦事之宜。然龙川地狭民贫，若以中国之意取足其中，复朝夕望有大功，此必不可。若节用爱民，务农训兵，数年之中，公私充实，而赵、魏之间，厌苦寇暴，民思燕德，庶几返旆，克复故业。如其未能，则凭险自固，犹足以优游养锐耳。」宝曰：「卿言尽理，朕一从卿意耳。」

辽东高抚，善卜筮，素为隆所信厚，私谓隆曰：「殿下北行，终不能达，太妃亦不可得见。若使主上独往，殿下潜留于此，必有大功。」隆曰：「国有大难，主上蒙尘，且老母在北，吾得北首而死，犹无所恨。卿是何言也！」乃遍召僚佐，问其去留，唯司马鲁恭、参军成岌愿从，馀皆欲留，隆并听之。

农部将谷会归说农曰：「城中之人，皆涉珪、参合所杀者父兄子弟，泣血踊跃，欲与魏战，而为卫军所抑。今闻主上当北迁，皆曰：『得慕容氏一人奉而立之，以与魏战，死无所恨。』大王幸而留此，以副众望，击退魏军，抚宁畿甸，奉迎大驾，亦不失为忠臣也。」农欲杀归而惜其材力，谓之曰：「必如此以望生，不如就死！」

壬子，夜，宝与太子策、辽西王农、高阳王隆、长乐王盛等万馀骑出赴会军，河间王熙、勃海王朗、博陵王鉴皆幼，不能出城，隆还入迎之，自为鞁乘，俱得免。燕将王沈等降魏。乐浪王惠、中书侍郎韩范、员外郎段宏、太史令刘起等帅工伎三百奔邺。

中山城中无主，百姓惶惑，东门不闭。魏王珪欲夜入城，冠军将军王建志在虏掠，乃言恐士卒盗府库物，请俟明旦，珪乃止。燕开封公详从宝不及，城中立以为主，闭门拒守。珪尽众攻之，连日不拔，使人登巢车，临城谕之曰：『慕容宝已弃汝走，汝曹百姓空自取死，欲谁为乎？』皆曰：『群小无知，恐复如参合之众，故苟延旬月之命耳。』珪顾王建唾其面。使中领将军长孙肥、左将军李栗将三千骑追宝至范阳，不及，破其新城戍而还。

甲寅，尊皇太后李氏为太皇太后。戊午，立皇后王氏。

燕主宝出中山，与赵王麟遇于孤城，麟不意宝至，惊骇，帅其众奔蒲阴，复出屯望都，土人颇供给之。慕容详遣兵掩击麟，获其妻子，麟脱走，入山中。

甲寅，宝至蓟，殿中亲近散亡略尽，惟高阳王隆所领数百骑为宿卫。清河王会帅骑卒二万迎于蓟南，宝怪会容止怏怏有恨色，密告隆及辽西王农。农、隆俱曰：『会年少，专任方面，习骄所致，岂有他也！臣等当以礼责之。』宝虽从之，然犹诏解会兵以属隆，隆固辞；乃减会兵分给农、隆。又遣西河公库傉官骥帅兵三千助守中山。

丙辰，宝尽徙蓟中府库北趣龙城。魏石河头引兵追之，戊午，及宝于夏谦泽。宝不欲战，清河王会曰：『臣抚教士卒，惟敌是求。今大驾蒙尘，人思效命，而虏敢自送，

众心忿愤。《兵法》曰：「归师勿遏。」又曰「置之死地而后生。」今我皆得之，何患不克！若其舍去，贼必乘人，或生余变。』宝乃从之。会整陈与魏兵战，农、隆等将南来骑冲之，魏兵大败，追奔百余里，斩首数千级。隆又独追数十里而还，谓故吏留台治书阳璆曰：『中山城中积兵数万，不得展吾意，今日之捷，令人遗恨。』因慷慨流涕。

会既败魏兵，矜很滋甚；隆屡训责之，会益忿恚。会以农、隆皆尝镇龙城，属尊位重，名望素出己右，恐至龙城，权政不复在己，又知终无为嗣之望，乃谋作乱。

幽、平之兵皆怀会恩，不乐属二王，请于宝曰：『清河王勇略高世，臣等与之誓同生死，愿陛下与皇太子、诸王留蓟宫，臣等从王南解京师之围，还迎大驾。』宝左右皆恶会，言于宝曰：『清河王不得为太子，神色甚不平。且其才武过人，善收人心；陛下若从众请，臣恐解围之后，必有卫辄之事。』宝乃谓众曰：『道通年少，才不及二王，岂可当专征之任！且朕方自统六师，仗会以为羽翼，何可离左右也！』众不悦而退。

左右劝宝杀会，侍御史仇尼归闻之，告会曰：『大王所恃者父，父已异图；所杖者兵，兵已去手；欲于何所自容乎？不如诛二王，废太子，大王自处东宫，兼将相之任，以匡复社稷，此上策也。』会犹豫，未许。

宝谓农、隆曰：『观道通志趣，必反无疑，宜早除之。』农、隆曰：『今寇敌内侮，

中土纷纭，社稷之危，有如累卵。会镇抚旧都，远赴国难，其威名之重，足以震动四邻。逆状未彰而遽杀之，岂徒伤父子之恩，亦恐大损威望。」宝曰：「会逆志已成，卿等慈恕，不忍早杀，恐一旦为变，必先害诸父，然后及吾，至时勿悔自负也！」会闻之，益惧。

夏，四月，癸酉，宝宿广都黄榆谷。会遣其党仇尼归、吴提染干帅壮士二十余人分道袭农、隆，杀隆于帐下；农被重创，执仇尼归，逃入山中。会以仇尼归被执，事终显发，乃夜诣宝曰：「农、隆谋逆，臣已除之。」宝欲讨会，阳为好言以安之曰：「吾固疑二王久矣，除之甚善。」

甲戌，旦，会立仗严备，乃引道。会欲弃隆丧，馀崇涕泣固请，乃听载随军。农出，自归，宝呵之曰：「何以自负邪！」命执之。行十余里，宝顾召群臣食，且议农罪。会就坐，宝目卫军将军慕舆腾使斩会，伤其首，不能杀。会走赴其军，勒兵攻宝。宝帅数百骑驰二百里，晡时，至龙城。会遣骑追至石城，不及。

乙亥，会遣仇尼归攻龙城；宝夜遣兵袭击，破之。会遣使请诛左右佞臣，并求为太子；宝不许。会尽收乘舆器服，以后宫分给将帅，署置百官，自称皇太子、录尚书事，引兵向龙城，以讨慕舆腾为名；丙子，顿兵城下。宝临西门，会乘马遥与宝语，宝责让

之。会命军士向宝大噪以耀威，城中将士皆愤怒，向暮出战，大破之，会兵死伤太半，走还营。侍御郎高云夜帅敢死士百余人袭会军，会众皆溃。会将十余骑奔中山，开封公详杀之。宝杀会母及其三子。

丁丑，宝大赦，凡与会同谋者，皆除罪，复旧职。论功行赏，拜将军、封侯者数百人。辽西王农骨破见脑，宝手自裹创，仅而获济。以农为左仆射，寻拜司空、领尚书令。馀崇出自归，宝嘉其忠，拜中坚将军，使典宿卫。赠高阳王隆司徒，谥曰康。

宝以高云为建威将军，封夕阳公，养以为子。云，高句丽之支属也，燕王皝破高句丽，徙于青山，由是世为燕臣。云沉厚寡言，时人莫知，惟中卫将军长乐冯跋奇其志度，与之为友。跋父和，事西燕王永，为将军，永败，徙和龙。

仆射王国宝、建威将军王绪依附会稽王道子，纳贿穷奢，不知纪极。恶王恭、殷仲堪，劝道子裁损其兵权；中外恟恟不安。恭等各缮甲勒兵，表请北伐；道子疑之，诏以盛夏妨农，悉使解严。

恭遣使与仲堪谋讨国宝等。桓玄以仕不得志，欲假仲堪兵势以作乱，乃说仲堪曰：「国宝与君诸人素已为对，唯患相毙之不速耳。今既执大权，与王绪相表里，其所回易，无不如志；孝伯居元舅之地，必未敢害之。君为先帝所拔，超居方任，人情皆以君为虽

有思致，非方伯才。彼若发诏征君为中书令，用殷觊为荆州，君何以处之？」仲堪曰：「忧之久矣，计将安出？」玄曰：「孝伯疾恶深至，君宜潜与之约，兴晋阳之甲以除君侧之恶，东西齐举，玄虽不肖，愿帅荆、楚豪杰，荷戈先驱，此桓、文之勋也。」仲堪心然之，乃外结雍州刺史郗恢，内与从兄南蛮校尉觊、南郡相陈留江绩谋之。觊曰：「人臣各守职分，朝廷是非，岂藩屏之所制也！晋阳之事，不敢预闻。」仲堪固邀之，觊怒曰：「吾进不敢同，退不敢异。」绩亦极言其不可。觊恐绩及祸，于坐和解之。绩曰：「大丈夫何至以死相胁邪？江仲元行年六十，但未获死所耳！」仲堪惮其坚正，以杨佺期代之。朝廷闻之，征绩为御史中丞。觊遂称疾发，辞位。仲堪往省之，谓觊曰：「兄病殊为可忧。」觊曰：「我病不过身死，汝病乃当灭门。宜深自爱，勿以我为念！」郗恢亦不肯从。仲堪疑未决，会王恭使至，仲堪许之，恭大喜。甲戌，恭上表罪状国宝，举兵讨之。

初，孝武帝委任王珣，及帝暴崩，不及受顾命，珣一旦失势，循默而已。丁丑，王恭表至，内外戒严，道子问珣曰：「二藩作逆，卿知之乎？」珣曰：「朝政得失，珣弗之预，王、殷作难，何由可知！」王国宝惶惧，不知所为，遣数百人戍竹里，夜遇风雨，各散归。王绪说国宝矫相王之命召王珣、车胤杀之，以除时望，因挟君相发兵以讨二藩。国宝许之。珣、胤至，国宝不敢害，更问计于珣。珣曰：「王、殷与卿素无深怨，所竞不过势利之间耳。」国宝曰：「将曹爽我乎？」珣曰：「是何言欤！卿宁有爽之罪，王孝伯岂宣帝之俦邪？」又问计于胤，胤曰：「昔桓公围寿阳，弥时乃克。今朝廷遣军，恭必城守。若京口未拔而上流奄至，君将何以待之？」国宝尤惧，遂上疏解职，诣阙待罪。既而悔之，诈称诏复其本官。道子暗懦，欲求姑息，乃委罪国宝，遣骠骑咨议参军谯王尚之收国宝付廷尉。尚之，恬之子也。甲申，赐国宝死，斩绪于市，遣使诣恭，深谢愆失，恭乃罢兵还京口。国宝兄侍中恺、骠骑司马愉并请解职，道子以恺、愉与国宝异母，又素不协，皆释不问。戊子，大赦。

殷仲堪虽许王恭，犹豫不敢下，闻国宝等死，乃始抗表举兵，遣杨佺期屯巴陵。道子以书止之，仲堪乃还。

会稽世子元显，年十六，有俊才，为侍中，说道子以王、殷终必为患，请潜为之备。道子乃拜元显征虏将军，以其卫府及徐州文武悉配之。

魏王珪以军食不给，命东平公仪去邺，徙屯巨鹿，积租杨城。慕容详出步卒六千人，伺间袭魏诸屯；珪击破之，斩首五千，生擒七百人，皆纵之。

初，张掖卢水胡沮渠罗仇，匈奴沮渠王之後也，世为部帅。凉王光以罗仇为尚书，

[illegible]

[illegible]

从光伐西秦。及吕延败死，罗仇弟三河太守麴粥谓罗仇曰：『主上荒耄信谗，今军败将死，正其猜忌智勇之时也。吾兄弟必不见容，与其死而无名，不若勒兵向西平。出苕藋，奋臂一呼，凉州不足定也。』罗仇曰：『诚如汝言。然吾家世以忠孝著于西土，宁使人负我，我不忍负人也。』光果听谗，以败军之罪杀罗仇及麴粥。罗仇弟子蒙逊，雄杰有策略，涉猎书史，以罗仇、麴粥之丧归葬，诸部多其族姻，会葬者凡万馀人。蒙逊哭谓众曰：『吕王昏荒无道，多杀不辜。吾之上世，虎视河西，今欲与诸部雪二父之耻，复上世之业，何如？』众咸称万岁。遂结盟起兵，攻凉临松郡，拔之，屯据金山。

司徒左长史王廞，导之孙也，以母丧居吴。王恭之讨王国宝也，版廞行吴国内史，使起兵于东方。廞使前吴国内史虞啸父等入吴兴、义兴召募兵众，赴者万计。未几，国宝死，恭罢兵，符廞去职，反丧服。廞以起兵之际，诛异己者颇多，势不得止，遂大怒，不承恭命，使其子泰将兵伐恭，笺于会稽王道子，称恭罪恶；道子以其笺送恭。五月，恭遣司马刘牢之帅五千人击泰，斩之。又与廞战于曲阿，众溃，廞单骑走，不知所在。收虞啸父下廷尉，以其祖潭有功，免为庶人。

燕库傉官骥入中山，与开封公详相攻。详杀骥，尽灭库傉官氏；又杀中山尹苻谟，夷其族。中山城无定主，民恐魏兵乘之，男女结盟，人自为战。甲辰，魏王珪罢中山之围，就谷河间，督诸郡义租。甲寅，以东平公仪为骠骑大将军、都督中外诸军事、兖、豫、雍、荆、徐、扬六州牧、左丞相，封卫王。慕容详自谓能却魏兵，威德已振，乃即皇帝位，改元建始，置百官。以新平公可足浑潭为车骑大将军、尚书令，杀拓跋觚以固众心。

邺中官属劝范阳王德称尊号，会有自龙城来者，知燕主宝犹存，乃止。

凉王光遣太原公纂将兵击沮渠蒙逊于忽谷，破之。蒙逊逃入山中。蒙逊从兄男成为凉将军，闻蒙逊起兵，亦合众数千屯乐涫。酒泉太守垒澄讨男成，兵败，澄死。男成进攻建康，遣使说建康太守段业曰：『吕氏政衰，权臣擅命，刑杀无常，人无容处。一州之地，叛者相望，瓦解之形，昭然在目，百姓嗷然无所依附。府君奈何以盖世之才，欲立忠于垂亡之国！男成等既唱大义，欲屈府君抚临鄙州，使涂炭之馀，蒙来苏之惠，何如？』业不从。相持二旬，外救不至，郡人高逵、史惠等劝业从男成之请。业素与凉侍中房晷、仆射王详不平，惧不自安，乃许之。男成等推业为大都督、龙骧大将军、凉州牧、建康公，改元神玺。以男成为辅国将军，委以军国之任。蒙逊帅众归业，业以蒙逊为镇西将军。光命太原公纂将兵讨业，不克。

六月，西秦王乾归征北河州刺史彭奚念为镇卫将军；以镇西将军屋弘破光为河州牧；

定州刺史翟瑶为兴晋太守，镇枹罕。

秋，七月，慕容详杀可足浑潭。详嗜酒奢淫，不恤士民，刑杀无度，所诛王公以下五百馀人，群下离心。城中饥窘，详不听民出采稆，死者相枕，举城皆谋迎赵王麟。详遣辅国将军张骧帅五千馀人督租于常山，麟自丁零入骧军，潜袭中山，城门不闭，执详，斩之。麟遂称尊号，听人四出采稆。人既饱，求与魏战。麟不从，稍复穷馁。魏王珪军鲁口，遣长孙肥帅骑七千袭中山，入其郛；麟追至泒水，为魏所败而还。

八月，丙寅朔，魏王珪徙军常山之九门。军中大疫，人畜多死，将士皆思归。珪问疫于诸将，对曰：『在者才什四、五。』珪曰：『此固天命，将若之何？四海之民，皆可为国，在吾所以御之耳，何患无民！』群臣乃不敢言。遣抚军大将军略阳公遵袭中山，入其郛而还。

燕以辽西王农为都督中外诸军事、大司马、录尚书事。

凉散骑常侍、太常西平郭黁，善天文数术，国人信重之。会荧惑守东井，黁谓仆射王详曰：『凉之分野，将有大兵。主上老病，太子暗弱，太原公凶悍。一旦不讳，祸乱必起。吾二人久居内要，彼常切齿，将为诛首矣。田胡王乞基部落最强，二苑之人，多其旧众。吾欲与公举大事，推乞基为主，二苑之众，尽我有也。得城之后，徐更议之。』

详从之。黁夜以二苑之众烧洪范门，使详为内应；事泄，详被诛，黁遂据东苑以叛。民间皆言圣人起兵，事无不成，从之者甚众。

凉王光召太原公纂使讨黁。纂将还，诸将皆曰：『段业必蹑军后，宜潜师夜发。』纂曰：『业无雄才，凭城自守；若潜师夜去，适足张其气势耳。』乃遣使告业曰：『郭黁作乱，吾今还都；卿能决者，可早出战。』于是引还。业不敢出。

纂司马杨统谓其从兄桓曰：『郭黁举事，必不虚发。吾欲杀纂，推兄为主，西袭吕弘，据张掖，号令诸郡，此千载一时也。』桓怒曰：『吾为吕氏臣，安享其禄，危不能救，岂可复增其难乎？吕氏若亡，吾为弘演矣！』统至番禾，遂叛归黁。弘，纂之弟也。

纂与西安太守石元良共击黁，大破之，乃得入姑臧。黁得光孙八人于东苑，及败而恚，悉投于锋上，枝分节解，饮其血以盟众，众皆掩目。

凉人张捷、宋生等招集戎、夏三千人，反于休屠城，与黁共推凉后将军杨轨为盟主。轨，略阳氏也。将军程肇谏曰：『卿弃龙头而从蛇尾，非计也。』轨不从，自称大将军、凉州牧、西平公。

纂击破黁将王斐于城西，黁兵势渐衰，遣使请救于秃发乌孤。九月，乌孤使其弟骠

[illegible]。[illegible]食也。」[illegible]王[illegible]。[illegible]。燕許之。

[illegible]。[illegible]大[illegible]。[illegible]人[illegible]。[illegible]中[illegible]。[illegible]。[illegible]。[illegible]

[illegible]。[illegible]王。[illegible]王[illegible]曰：「[illegible]中山。[illegible]。[illegible]中

[illegible]。

[illegible]。十一月，癸丑，燕大赦。十二月，[illegible]。[illegible]。[illegible]

[illegible]。[illegible]大[illegible]士[illegible]。[illegible]中[illegible]。[illegible]、[illegible]。[illegible]

燕人有自中山至[illegible]者，[illegible]。[illegible]。[illegible]。燕王[illegible]

[illegible]十二[illegible]大人，[illegible]。

秦[illegible]。[illegible]秦王[illegible]以[illegible]之。

[illegible]之。丁亥，[illegible]王[illegible]。[illegible]。

[illegible]。[illegible]秦[illegible]王。[illegible]。[illegible]曰：「[illegible]、[illegible]。[illegible]王[illegible]，以大

[illegible]。[illegible]人[illegible]。[illegible]之。[illegible]。[illegible]、[illegible]以[illegible]。[illegible]士[illegible]

甲申，[illegible]中山。燕[illegible]、[illegible]、[illegible]、[illegible]人。[illegible]、[illegible]

之。[illegible]千[illegible]。[illegible]十[illegible]人[illegible]山。[illegible]。

[illegible]」[illegible]。冬，十月，丙寅，[illegible]。甲[illegible]，[illegible]。大[illegible]

曰：「不[illegible]。[illegible]以[illegible]。[illegible]曰，[illegible]。」[illegible]曰：「[illegible]以[illegible]。[illegible]不以

中山[illegible]。[illegible]人[illegible]。甲[illegible]，[illegible]王[illegible]之。[illegible]

[illegible]人，[illegible]：「[illegible]之[illegible]，[illegible]。[illegible]之。[illegible]。

[illegible]以[illegible]。[illegible]。以[illegible]。[illegible]之

[illegible]千[illegible]。[illegible]，[illegible]以[illegible]。天[illegible]以[illegible]。

[illegible]、[illegible]山以[illegible]。[illegible]之。[illegible]、[illegible]。

之。[illegible]。[illegible]大[illegible]金[illegible]。[illegible]之不[illegible]。[illegible]人[illegible]。

秦王[illegible]人[illegible]。[illegible]中山、[illegible]山[illegible]之。[illegible]。[illegible]士[illegible]。[illegible]

秦[illegible]秦王[illegible]。不[illegible]。

[illegible]。秦王[illegible]之。[illegible]。[illegible]千。[illegible]千[illegible]之。

[illegible]。」

[illegible]。」[illegible]曰：「[illegible]。[illegible]。」[illegible]曰：「[illegible]千，[illegible]千！[illegible]

[illegible]士[illegible]曰：「[illegible]天下，[illegible]王之[illegible]也。[illegible]以[illegible]，[illegible]之[illegible]。[illegible]

秦大[illegible]。秦王[illegible]，不[illegible]。[illegible]、[illegible]。[illegible]。[illegible]

[illegible]王[illegible]之。

骑将军利鹿孤帅骑兵五千赴之。

秦太后虵氏卒。秦主兴哀毁过礼，不亲庶政。群臣请依汉、魏故事，即葬即吉。尚书郎李嵩上疏曰：「孝治天下，先王之高事也。宜遵圣性以光道训，既葬之后，素服临朝。」尹纬驳曰：「嵩矫常越礼，请付有司论罪。」兴曰：「嵩忠臣孝子，有何罪乎！其一从嵩议。」

鲜卑薛勃叛秦，秦主兴自将讨之。勃败，奔没弈干，没弈干执送之。

秦泫氏男姚买得谋弑秦主兴，不克而死。

秦主兴入寇湖城，弘农太守陶仲山、华山太守董迈皆降之。遂至陕城，进寇上洛，拔之。遣姚崇寇洛阳，河南太守夏侯宗之固守金墉，崇攻之不克，乃徙流民二万余户而还。

武都氐屠飞、啖铁等据方山以叛秦，兴遣姚绍等讨之，斩飞、铁。

兴勤于政事，延纳善言，京兆杜瑾等皆以论事得显拔，天水姜龛等以儒学见尊礼，给事黄门侍郎古成诜等以文章参机密。诜刚介雅正，以风教为己任。京兆韦高慕阮籍之为人，居母丧，弹琴饮酒；诜闻之而泣，持剑求高，欲杀之，高惧而逃匿。

中山饥甚，慕容麟帅二万余人出据新市。甲子晦，魏王珪进军攻之。太史令晁崇曰：「不吉。昔纣以甲子亡，谓之疾日，兵家忌之。」珪曰：「纣以甲子亡，周武不以甲子兴乎？」崇无以对。冬，十月，丙寅，麟退阻泒水。甲戌，珪与麟战于义台，大破之，斩首九千余级。麟与数十骑驰取妻子入西山，遂奔邺。

甲申，魏克中山，燕公卿、尚书、将吏、士卒降者二万余人。张骧、李沈等先尝降魏，复亡去；珪入城，皆赦之。得燕玺绶、图书、府库珍宝以万数，班赏群臣将士有差。追谥弟觚为秦愍王。发慕容详冢，斩其尸；收杀觚者高霸、程同，皆夷五族，以大刃剉之。丁亥，遣三万骑就卫王仪，将攻邺。

秦长水校尉姚珍奔西秦，西秦王乾归以女妻之。

河南鲜卑吐秣等十二部大人，皆附于秃发乌孤。

燕人有自中山至龙城者，言拓跋珪衰弱，司徒德完守邺城。会德表至，劝燕主宝南还，宝于是大简士马，将复取中原。遣鸿胪鲁邃册拜德为丞相、冀州牧，南夏公侯牧守皆听承制封拜。十一月，癸丑，燕大赦。十二月，调兵悉集，戒严在顿，遣将军启仑南视形势。

乙亥，慕容麟至邺，复称赵王，说范阳王德曰：「魏既克中山，将乘胜攻邺，邺中虽有蓄积，然城大难固，且人心恇惧，不可守也。不如南趣滑台，阻河以待魏，伺衅而动，河北庶可复也。」时鲁阳王和镇滑台，和，垂之弟子也，亦遣使迎德，德许之。

资治通鉴卷第一百一十

晋纪三十二 著雍阉茂，一年。

安皇帝乙

隆安二年（戊戌，公元三九八年）

春，正月，燕范阳王德自邺帅户四万南徙滑台。魏卫王仪入邺，收其仓库。追德至河，弗及。

赵王麟上尊号于德，德用兄垂故事，称燕王，改永康三年为元年，以统府行帝制，置百官。以赵王麟为司空、领尚书令，慕容法为中军将军，慕舆拔为尚书左仆射，丁通为右仆射。麟复谋反，德杀之。

庚子，魏王珪自中山南巡至高邑，得王永之子宪，喜曰："王景略之孙也。"以为本州中正，领选曹事，兼掌门下。至邺，置行台，以龙骧将军日南公和跋为尚书，与左丞贾彝帅吏兵五千人镇邺。

珪自邺还中山，将北归，发卒万人治直道，自望都凿恒岭至代五百馀里。珪恐已既去，山东有变，复置行台于中山，命卫王仪镇之；以抚军大将军略阳公遵为尚书左仆射，镇勃海之合口。

右将军尹国督租于冀州，闻珪将北还，谋袭信都；安南将军长孙嵩执国，斩之。

燕启伦还至龙城，言中山已陷；燕主宝命罢兵。辽西王农言于宝曰："今迁都尚新，未可南征，宜因成师袭库莫奚，取其牛马以充军资，更审虚实，俟明年而议之。"宝从之。己未，北行。庚申，渡浇洛水。会南燕王德遣侍郎李延诣宝，言："涉珪西上，中国空虚。"延追宝及之，宝大喜，即日引还。

辛酉，魏王珪发中山，徙山东六州吏民杂夷十馀万口以实代。博陵、勃海、章武群盗并起，略阳公遵等讨平之。

广川太守贺赖卢，性豪健，耻居冀州刺史王辅之下，袭辅，杀之；驱勒守兵，掠阳平、顿丘诸郡，南渡河，奔南燕。南燕王德以赖卢为并州刺史，封广宁王。

西秦王乾归遣乞伏益州攻凉支阳、鹯武、允吾三城，克之，虏万馀人而去。

燕主宝还龙城宫，诏诸军就顿，不听罢散，文武将士皆以家属随驾。辽西王农、长乐王盛切谏，以为："兵疲力弱，魏新得志，未可与敌，宜且养兵观衅。"宝将从之，抚军将军慕舆腾曰："百姓可与乐成，难与图始。今师众已集，宜独决圣心，乘机进取，不宜广采异同以沮大计。"宝乃曰："吾计决矣，敢谏者斩！"二月，乙亥，宝出就顿，留盛统后事。己卯，燕军发龙城，慕舆腾为前军，司空农为中军，宝为后军，相

去各一顿，连营百里。

壬午，宝至乙连，长上段速骨、宋赤眉等因众心之惮征役，遂作乱。速骨等皆高阳王隆旧队，共逼立隆子高阳王崇为主，杀乐浪威王宙、中牟熙公段谊及宗室诸王。河间王熙素与崇善，崇拥佑之，故独得免。燕主宝将十馀骑奔司空农营，农将出迎，左右抱其腰，止之，曰：『宜小清澄，不可便出。』农引刀将斫之，遂出见宝，又驰信追慕舆腾。癸未，宝、农引兵还趣大营，讨速骨等。农营兵亦厌征役，皆弃仗走，腾营亦溃。宝、农奔还龙城。长乐王盛闻乱，引兵出迎，宝、农仅而得免。

会稽王道子忌王、殷之逼，以谯王尚之及弟休之有才略，引为腹心。尚之说道子曰：『今方镇强盛，宰相权轻，宜密树腹心于外以自藩卫。』道子从之，以其司马王愉为江州刺史，都督江州及豫州之四郡军事，用为形援，日夜与尚之谋议，以伺四方之隙。

魏王珪如繁畤宫，给新徙民田及牛。珪畋于白登山，见熊将数子，谓冠军将军于栗磾曰：『卿名勇健，能搏此乎？』对曰：『兽贱人贵，若搏而不胜，岂不虚毙一壮士乎！』乃驱致珪前，尽射而获之。珪顾谢之。秀容川酋长尔朱羽健从珪攻晋阳、中山有功，拜散骑常侍，环其所居，割地三百里以封之。柔然数侵魏边，尚书中兵郎李先请击之。珪从之，大破柔然而还。

杨轨以其司马郭纬为西平相，帅步骑二万北赴郭麐。秃发乌孤遣其弟车骑将军傉檀帅骑一万助轨。轨至姑臧，营于城北。

燕尚书顿丘王兰汗阴与段速骨等通谋，引兵营龙城之东。城中留守兵少，长乐王盛徙内近城之民，得丁夫万馀，乘城以御之。速骨等同谋才百馀人，馀皆为所驱胁，莫有斗志。三月，甲午，速骨等将攻城，辽西桓烈王农恐不能守，且为兰汗所诱，夜，潜出赴之，冀以自全。明旦，速骨等攻城，城上拒战甚力，速骨之众死者以百数。速骨乃将农循城，农素有忠节威名，城中之众恃以为强，忽见在城下，无不惊愕丧气，遂皆逃溃。速骨入城，纵兵杀掠，死者狼籍。宝、盛与慕舆腾、馀崇、张真、李旱、赵恩等轻骑南走。速骨幽农于殿内。长上阿交罗，速骨之谋主也，以高阳王崇幼弱，更欲立农。崇亲信鬷让、出力犍等闻之，丁酉，杀罗及农。速骨即为之诛让等。农故吏左卫将军宇文拔亡奔辽西。

庚子，兰汗袭击速骨，并其党尽杀之。废崇，奉太子策，承制大赦，遣使迎宝，及于蓟城。宝欲全还，长乐王盛等皆曰：『汗之忠诈未可知，今单骑赴之，万一汗有异志，悔之无及。不如南就范阳王，合众以取冀州；若其不捷，收南方之众，徐归龙都，

亦未晚也。」宝从之。

离石胡帅呼延铁、西河胡帅张崇等不乐徙代，聚众叛魏，魏安远将军庾岳讨平之。

魏王珪召卫王仪入辅，以略阳公遵代镇中山。夏，四月，壬戌，以征虏将军穆崇为太尉，安南将军长孙嵩为司徒。

燕主宝从间道过邺，邺人请留，宝不许。南至黎阳，伏于河西，遣中黄门令赵思告北地王钟曰：「上以二月得丞相表，即时南征，至乙连，会长上作乱，失据来此。王亟白丞相奉迎！」钟，德之从弟也，首劝德称尊号，闻而恶之，执思付狱，以状白南燕王德。德谓群下曰：「卿等以社稷大计，劝吾摄政；吾亦以嗣帝播越，民神乏主，故权顺群议以系众心。今天方悔祸，嗣帝得还，吾将具法驾奉迎，谢罪行阙，何如？」黄门侍郎张华曰：「今天下大乱，非雄才无以宁济群生。嗣帝暗懦，不能绍隆先统。陛下若蹈匹夫之节，舍天授之业，威权一去，身首不保，况社稷其得血食乎！」慕舆护曰：「嗣帝不达时宜，委弃国都，自取败亡，不堪多难，亦已明矣。昔蒯聩出奔，卫辄不纳，《春秋》是之。以子拒父犹可，况以父拒子乎！今赵思之言，未明虚实，臣请为陛下驰往诇之。」德流涕遣之。

护帅壮士数百人，随思而北，声言迎卫，其实图之。宝既遣思诣钟，于后得樵者，言德已称制，惧而北走。护至，无所见，执思以还。德以思练习典故，欲留而用之。思曰：「犬马犹知恋主，思虽刑臣，乞还就上。」德固留之，思怒曰：「周室东迁，晋、郑是依。殿下亲则叔父，位为上公，不能帅先群后以匡帝室，而幸本根之倾，为赵王伦之事，思虽不能如申包胥之存楚，犹慕龚君宾不偷生莽世也！」德斩之。

宝遣扶风忠公慕舆腾与长乐王盛收兵冀州，盛以腾素暴横，为民所怨，乃杀之。行至巨鹿、长乐，说诸豪杰，皆愿起兵奉宝。宝以兰汗祀燕宗庙，所为似顺，意欲还龙城，不肯留冀州，乃北行。至建安，抵民张曹家。曹素武健，请为宝合众，盛亦劝宝宜且驻留，察汗情状。宝乃遣冗从仆射李旱先往见汗，宝留顿石城。会汗遣左将军苏超奉迎，陈汗忠款。宝以汗燕王垂之舅，盛之妃父也，谓必无他，不待旱返，遂行。盛流涕固谏，宝不听，留盛在后，盛与将军张真下道避匿。

丁亥，宝至索莫汗陉，去龙城四十里，城中皆喜。汗惶怖，欲自出请罪，兄弟共谏止之。汗乃遣弟加难帅五百骑出迎，又遣兄堤闭门止仗，禁人出入。城中皆知其将为变，而无如之何。加难见宝于陉北，拜谒已，从宝俱进。颍阴烈公馀崇密言于宝曰：「观加难形色，祸变甚逼，宜留三思，奈何径前！」宝不从。行数里，加难先执崇，崇大呼骂曰：「汝家幸缘肺附，蒙国宠荣，覆宗不足以报。今乃敢谋篡逆，此天地所不

资治通鉴 卷第一百二十 四

容，计旦暮即屠灭，但恨我不得手脍汝曹耳！』加难杀之。引宝入龙城外邸，弑之。汗谥宝曰灵帝，杀献哀太子策及王公卿士百馀人，自称大都督、大将军、大单于、昌黎王，改元青龙。以堤为太尉，加难为车骑将军，封河间王熙为辽东公，如杞、宋故事。

长乐王盛闻之，驰欲赴哀；张真止之。盛曰：『我今以穷归汗，汗性愚浅，必念婚姻，不忍杀我。旬月之间，足以展吾情志。』遂往见汗。汗妻乙氏及盛妃皆泣涕请盛于汗，盛妃复顿头于诸兄弟。汗恻然哀之，乃舍盛于宫中，以为侍中、左光禄大夫，亲待如旧。堤、加难屡请杀盛，汗不从。堤骄很荒淫，事汗多无礼，盛因而间之。由是汗兄弟浸相嫌忌。

凉太原公纂将兵击杨轨，郭麐救之，纂败还。

段业使沮渠蒙逊攻西郡，执太守吕纯以归。纯，光之弟子也。于是晋昌太守王德、敦煌太守赵郡孟敏皆以郡降业。业封蒙逊为临池侯，以德为酒泉太守，敏为沙州刺史。

六月，丙子，魏王珪命群臣议国号。皆曰：『周、秦以前，皆自诸侯升为天子，因以其国为天下号。汉氏以来，皆无尺土之资。我国家百世相承，开基代北，遂抚有方夏，今宜以代为号。』黄门侍郎崔宏曰：『昔商人不常厥居，故两称殷、商；代虽旧邦，其命维新，登国之初，已更曰魏。夫魏者，大名，神州之上国也，宜称魏如故。』珪从之。

杨轨自恃其众，欲与凉王光决战，郭麐每以天道抑止之。凉常山公弘镇张掖，段业使沮渠男成及王德攻之；光使太原公纂将兵迎之。杨轨曰：『吕弘精兵一万，若与光合，则姑臧益强，不可取矣。』乃与秃发利鹿孤共邀击纂，纂与战，大破之；轨奔王乞基。麐性褊急残忍，不为士民所附，闻轨败走，降西秦。西秦王乾归以为建忠将军、散骑常侍。

弘引兵弃张掖东走，段业徙治张掖，将追击弘。沮渠蒙逊谏曰：『归师勿遏，穷寇勿追，兵家之戒也。』业不从，大败而还，赖蒙逊以免。业城西安，以其将臧莫孩为太守。蒙逊曰：『莫孩勇而无谋，知进不知退；此乃为之筑冢，非筑城也！』业不从。莫孩寻为吕纂所破。

燕太原王奇，楷之子，兰汗之外孙也，汗亦不杀，以为征南将军。得入见长乐王盛。盛潜使奇逃出起兵。奇起兵于建安，众至数千，汗遣兰堤讨之。盛谓汗曰：『善驹小儿，未能办此，岂非有假托其名欲为内应者乎！太尉素骄，难信，不宜委以大众。』汗然之，罢堤兵，更遣抚军将军仇尼慕将兵讨奇。

于是龙城自夏不雨至于秋七月，汗日诣燕诸庙及宝神座顿首祷请，委罪于兰加难。

堤及加难闻之，怒，且惧诛。乙巳，相与帅所部袭仇尼慕军，败之。汗大惧，遣太子穆将兵讨之。穆谓汗曰：『慕容盛，我之仇雠，必与奇相表里，此乃腹心之疾，不可养也，宜先除之。』汗欲杀盛，先引见，察之。盛妃知之，密以告盛，盛称疾不出，汗亦止不杀。

李旱、卫双、刘忠、张豪、张真，皆盛素所厚也，而穆引以为腹心，旱、双得出入至盛所，潜与盛结谋。丁未，穆击堤、加难等，破之。庚戌，飨将士，汗、穆皆醉，盛夜如厕，因逾垣入于东宫，与旱等共杀穆。时军未解严，皆聚在穆舍，闻盛得出，呼跃争先，攻汗，斩之。汗子鲁公和、陈公扬分屯令支、白狼，盛遣旱、真袭诛之。堤、加难亡匿，捕得，斩之。于是内外帖然，士女相庆。宇文拔帅壮士数百来赴，盛拜拔为大宗正。

辛亥，告于太庙，令曰：『赖五祖之休，文武之力，宗庙社稷幽而复显。不独孤以眇眇之身免不同天之责，凡在臣民皆得明目当世。』因大赦，改元建平。盛谦不敢称尊号，以长乐王摄行统制。诸王皆降称公，以东阳公根为尚书左仆射，卫伦、阳璆、鲁恭、王腾为尚书，悦真为侍中，阳哲为中书监，张通为中领军，自馀文武各复旧位。改谥宝曰惠闵皇帝，庙号烈宗。

初，太原王奇举兵建安，南、北之民翕然从之。兰汗遣其兄子全讨奇，奇击灭之，匹马不返，进屯乙连。盛既诛汗，命奇罢兵。奇用丁零严生、乌桓王龙之谋，遂不受命，甲寅，勒兵三万馀人进至横沟，去龙城十里。盛出击，大破之，执奇而还，斩其党与百馀人，赐奇死，桓王之嗣遂绝。群臣固请上尊号，盛弗许。

魏王珪迁都平城，始营宫室，建宗庙，立社稷。宗庙岁五祭，用分、至及腊。

桓玄求为广州。会稽王道子忌玄，不欲使居荆州，因其所欲，以玄为督交、广二州军事、广州刺史；玄受命而不行。豫州刺史庾楷以道子割其四郡使王愉督之，上疏言：『江州内地，而西府北带寇戎，不应使愉分督。』朝廷不许。楷怒，遣其子鸿说王恭曰：『尚之兄弟复秉机权，过于国宝，欲假朝威削弱方镇，惩艾前事，为祸不测。今及其谋议未成，宜早图之。』恭以为然，以告殷仲堪、桓玄。仲堪、玄许之，推恭为盟主，刻期同趣京师。

时内外疑阻，津逻严急，仲堪以斜绢为书，内箭簳中，合镝漆之，因庾楷以送恭。恭发书，绢文角戾，不复能辨仲堪手书，疑楷诈为之，且谓仲堪去年已违期不赴，今必不动，乃先期举兵。司马刘牢之谏曰：『将军，国之元舅；会稽王，天子叔父也。会稽王又当国秉政，向为将军戮其所爱王国宝、王绪，又送王廞书，其深伏将军已多矣。顷

所授任，虽未允惬，亦非大失。割庾楷四郡以配王愉，于将军何损！晋阳之甲，岂可数兴乎！」恭不从，上表请讨王愉、司马尚之兄弟。

道子使人说楷曰：『昔我与卿，恩如骨肉，帐中之饮，结带之言，可谓亲矣。卿今弃旧交，结新援，忘王恭畴昔陵侮之耻乎！若欲委体而臣之，使恭得志，必以卿为反覆之人，安肯深相亲信！首身且不可保，况富贵乎！』楷怒曰：『王恭昔赴山陵，相王忧惧无计，我知事急，寻勒兵而至，恭不敢发。去年之事，我亦俟命而动。我事相王，无相负者。相王不能拒恭，反杀国宝及绪，自尔已来，谁敢复为相王尽力者！庾楷实不能以百口助人屠灭。』时楷已应恭檄，正征士马。信返，朝廷忧惧，内外戒严。

会稽世子元显言于道子曰：『前不讨王恭，故有今日难。今若复从其欲，则太宰之祸至矣。』道子不知所为，悉以事委元显，日饮醇酒而已。元显聪警，颇涉文义，志气果锐，以安危为己任。附会之者，谓元显神武，有明帝之风。

殷仲堪闻恭举兵，自以去岁后期，乃勒兵趣发。仲堪素不习为将，悉以军事委南郡相杨佺期兄弟，使佺期帅舟师五千为前锋，桓玄次之，仲堪帅兵二万，相继而下。佺期自以其先汉太尉震至父亮，九世皆以才德著名，矜其门地，谓江左莫及。有以比王珣者，佺期犹恚恨。而时流以其晚过江，婚宦失类，佺期及兄广、弟思平、从弟孜敬皆粗犷，每排抑之。佺期常慷慨切齿，欲因事际以逞其志，故亦赞成仲堪之谋。

八月，佺期、玄奄至溢口。王愉无备，惶遽奔临川，玄遣偏军追获之。

燕以河间公熙为侍中、车骑大将军、中领军、司隶校尉，城阳公元为卫将军。元，宝之子也。又以刘忠为左将军，张豪为后将军，并赐姓慕容氏。李旱为中常侍、辅国将军，卫双为前将军，张顺为镇西将军、昌黎尹，张真为右将军；皆封公。

乙亥，燕步兵校尉马勤等谋反，伏诛；事连骠骑将军高阳公崇、崇弟东平公澄，皆赐死。

宁朔将军邓启方、南阳太守闾丘羡将兵二万击南燕，与南燕中军将国法、抚军将军和战于管城，启方等兵败，单骑走免。

魏王珪命有司正封畿，标道里，平权衡，审度量；遣使循行郡国，举奏守宰不法者，亲考察黜陟之。

九月，辛卯，加会稽王道子黄钺，以世子元显为征讨都督，遣卫将军王珣、右将军谢琰将兵讨王恭，谯王尚之将兵讨庾楷。

乙未，燕以东阳公根为尚书令，张通为左仆射，卫伦为右仆射，慕容豪为幽州刺史，镇肥如。

己亥，谯王尚之大破庾楷于牛渚，楷单骑奔桓玄。会稽王道子以尚之为豫州刺史，弟恢之为骠骑司马、丹杨尹，允之为吴国内史，休之为襄城太守，各拥兵马以为己援。乙巳，桓玄大破官军于白石。玄与杨佺期进至横江，尚之退走，恢之所领水军皆没。丙午，道子屯中堂，元显守石头。己酉，王珣守北郊，谢琰屯宣阳门，以备之。

王恭素以才地陵物，既杀王国宝，自谓威无不行，仗刘牢之为爪牙而但以部曲将遇之，牢之负其才，深怀耻恨。元显知之，遣庐江太守高素说牢之，使叛恭，许事成即以恭位号授之；又以道子书遗牢之，为陈祸福。牢之谓其子敬宣曰：「王恭昔受先帝大恩，今为帝舅，不能翼戴王室，数举兵向京师，吾不能审恭之志，事捷之日，必能为天子相王之下乎？吾欲奉国威灵，以顺讨逆，何如？」敬宣曰：「朝廷虽无成、康之美，亦无幽、厉之恶；而恭恃其兵威，暴蔑王室。大人亲非骨肉，义非君臣，虽共事少时，意好不协，今日讨之，于情义何有！」

恭参军何澹之知其谋，以告恭。恭以澹之素与牢之有隙，不信。乃置酒请牢之，于众中拜之为兄，精兵坚甲，悉以配之，使帅帐下督颜延为前锋。牢之至竹里，斩延以降；遣敬宣及其婿东莞太守高雅之还袭恭。恭方出城曜兵，敬宣纵骑横击之，恭兵皆溃。恭将入城，雅之已闭城门。恭单骑奔曲阿，素不习马，髀中生疮。曲阿人殷确，恭

故吏也，以船载恭，将奔桓玄，至长塘湖，为人所告，获之，送京师，斩于倪塘。恭临刑，犹理须鬓，神色自若，谓监刑者曰：「我暗于信人，所以至此，原其本心，岂不忠于社稷邪！但令百世之下知有王恭耳。」并其子弟党与皆死。以刘牢之为都督兖、青、冀、幽、并、徐、扬州、晋陵诸军事以代恭。

俄而杨佺期、桓玄至石头，殷仲堪至芜湖。元显自竹里驰还京师，遣丹杨尹王恺等发京邑士民数万人据石头以拒之。佺期、玄等上表理王恭，求诛刘牢之。牢之帅北府之众驰赴京师，军于新亭。佺期、玄见之失色，回军蔡洲。朝廷未知西军虚实，仲堪等拥众数万，充斥郊畿，内外忧逼。

左卫将军桓修，冲之子也，言于道子曰：「西军可说而解也，修知其情矣。殷、桓之下，专恃王恭，恭既破灭，西军沮恐。今若以重利啖玄及佺期，二人必内喜，玄能制仲堪，佺期可使倒戈，取仲堪矣。」道子纳之，以玄为江州刺史，召郗恢为尚书，以佺期代恢为都督梁、雍、秦三州诸军事、雍州刺史，以修为荆州刺史，权领左卫文武之镇，又令刘牢之以千人送之。黜仲堪为广州刺史，遣仲堪叔父太常茂宣诏，敕仲堪回军。

张骧子超收合三千馀家据南皮，自号乌桓王，抄掠诸郡。魏王珪命庾岳讨之。

杨轨屯廉川，收集夷、夏，众至万馀。王乞基谓轨曰：「秃发氏才高而兵盛，且乞基之主也，不如归之。」轨乃遣使降于西平王乌孤。轨寻为羌酋梁饥所败，西奔僇海，袭乙弗鲜卑而据其地。乌孤谓群臣曰：「杨轨、王乞基归诚于我，卿等不速救，使为羌人所覆，孤甚愧之。」平西将军浑屯曰：「梁饥无经远大略，可一战擒也。」

饥进攻西平，西平人田玄明执太守郭幸而代之，以拒饥，遣子为质于乌孤。乌孤欲救之，群臣惮饥兵强，多以为疑。左司马赵振曰：「杨轨新败，吕氏方强，洪池以北，未可冀也。岭南五郡，庶几可取。大王若无开拓之志，振不敢言；若欲经营四方，此机不可失也。使羌得西平，华、夷震动，非我之利也。」乌孤喜曰：「吾亦欲乘时立功，安能坐守穷谷乎！」乃谓群臣曰：「梁饥若得西平，保据山河，不可复制。饥虽骁猛，军令不整，易破也。」遂进击饥，大破之。饥退屯龙支堡。乌孤进攻，拔之，饥单骑奔浇河，俘斩数万，以田玄明为西平内史。乐都太守田瑶、湟河太守张裯、浇河太守王稚皆以郡降，岭南羌、胡数万落皆附于乌孤。

西秦王乾归遣秦州牧益州、武卫将军慕兀、冠军将军翟瑥帅骑二万伐吐谷浑。

冬，十月，癸酉，燕群臣复上尊号，丙子，长乐王盛始即皇帝位，大赦，尊皇后段氏曰皇太后，太妃丁氏曰献庄皇后。初，兰汗之当国也，盛从燕主宝出亡，兰妃奉事丁后愈谨。及汗诛，盛以妃当从坐，欲杀之；丁后以妃有保全之功，固争之，得免，然终不为后。

大赦。

殷仲堪得诏书，大怒，趣桓玄、杨佺期进军。玄等喜于朝命，欲受之，犹豫未决。仲堪闻之，遽自芜湖南归，遣使告谕蔡洲军士曰：「汝辈不各自散归，吾至江陵，尽诛汝馀口。」佺期部将刘系帅二千人先归。玄等大惧，狼狈西还，追仲堪至寻阳，及之。仲堪既失职，倚玄等为援，玄等亦资仲堪兵，虽内相疑阻，势不得不合。乃以子弟交质，壬午，盟于寻阳，俱不受朝命，连名上疏申理王恭，求诛刘牢之及谯王尚之，并诉仲堪无罪，独被降黜。朝廷深惮之，内外骚然。乃复罢桓修，以荆州还仲堪，优诏慰谕，以求和解，仲堪等乃受诏。御史中丞江绩劾奏桓修专为身计，疑误朝廷，诏免修官。

初，桓玄在荆州，所为豪纵。仲堪亲党皆劝仲堪杀之，仲堪不听。及在寻阳，资其声地，推玄为盟主，玄愈自矜倨。杨佺期为人骄悍，玄每以寒士裁之。佺期甚恨，密说仲堪以玄终为患，请于坛所袭之。仲堪忌佺期兄弟勇健，恐既杀玄，不可复制，苦禁之。于是各还所镇。玄亦知佺期之谋，阴有取佺期之志，乃屯于夏口，引始安太守济阴卞范之为长史以为谋主。是时，诏书独不赦庾楷，玄以楷为武昌太守。

资治通鉴 卷第二百二十

初，郗恢为朝廷拒西军，玄未得江州，欲夺恢雍州，以恢为广州。恢闻之，惧，询于众，众皆曰：「杨佺期来者，谁不戮力；若桓玄来，恐难与为敌。」既而闻佺期代己，乃与闾丘羡谋阻兵拒之。佺期闻之，声言玄来入沔，以佺期为前驱。恢众信之，望风皆溃，恢请降。佺期入府，斩闾丘羡，放恢还都，至杨口，殷仲堪阴使人杀之，及其四子，托言群蛮所杀。

西秦乞伏益州与吐谷浑王视罴战于度周川，视罴大败，走保白兰山，遣子宕岂为质于西秦以请和，西秦王乾归以宗女妻之。

凉建武将军李鸾以兴城降于秃发乌孤。

十一月，以琅邪王德文为卫将军、开府仪同三司，征虏将军元显为中领军，领军将军王雅为尚书左仆射。

辛亥，魏王珪命尚书吏部郎邓渊立官制，协音律，仪曹郎清河董谧制礼仪，三公郎王德定律令，太史令晁崇考天象，吏部尚书崔宏总而裁之，以为永式。渊，羌之孙也。

杨轨、王气基帅户数千自归于西平王乌孤。

十二月，己丑，魏王珪即皇帝位，大赦，改元天兴。命朝野皆束发加帽；追尊远祖毛以下二十七人皆为皇帝；谥六世祖力微曰神元皇帝，庙号始祖；祖什翼犍曰昭成皇

帝，庙号高祖；父寔曰献明皇帝。魏之旧俗，孟夏祀天及东庙，季夏帅众却霜于阴山，孟秋祀天于西郊。至是，始依仿古制，定郊庙朝飨礼乐，然惟孟夏祀天亲行，其馀多有司摄事。又用崔宏议，自谓黄帝之后，以土德王。徙六州二十二郡守宰、豪杰二千家于代都，东至代郡，西及善无，南极阴馆，北尽参合，皆为畿内，其外四方、四维置八部师以监之。

己亥，燕幽州刺史慕容豪、尚书左仆射张通、昌黎尹张顺坐谋反诛。

初，琅邪人孙泰学妖术于钱唐杜子恭，士民多奉之。王珣恶之，流泰于广州。王雅荐泰于孝武帝，云知养性之方，召还，累官至新安太守。泰知晋祚将终，因王恭之乱，以讨恭为名，收合兵众，聚货巨亿，三吴之人多从之。识者皆忧其为乱，以中领军元显与之善，无敢言者。会稽内史谢輶发其谋，己酉，会稽王道子使元显诱而斩之，并其六子。兄子恩逃入海，愚民犹以为泰蝉蜕不死，就海中资给恩。恩乃聚合亡命，得百馀人，以谋复仇。

西平王秃发乌孤更称武威王。

是岁，杨盛遣使附魏，魏以盛为仇池王。

珪問博士李先曰：「天下何物最善，可以益人神智？」對曰：「莫若書籍。」珪

宏通署三十六曹，如令、僕統事。置五經博士，增國子太學生員合三千人。

甲子，珪分尚書三十六曹及外署，凡置三百六十曹，令八部大夫主之。吏部尚書崔

[illegible]。[illegible]十里。三日，己未，珪還平城。

魏主珪[illegible]

[illegible]

[illegible]

[illegible]

[illegible]

[illegible]

二月，[illegible]

[illegible]。」[illegible]曰：「善。」

[illegible]

[illegible]

[illegible]

資治通鑑 卷第一百一十

[illegible]

[illegible]

[illegible]

[illegible]

[illegible]

壬午，[illegible]

[illegible]

庚午，魏主珪北巡。[illegible]

[illegible]

戊戌，燕昌黎尹留忠謀反，誅。事連尚書令東陽公根、尚書段成，皆坐死。遣中衛

[illegible]春，正月，辛亥，大赦。

隆安三年（己亥，公元三九九年）

安皇帝丙

晉紀三十三 起屠維大淵獻，盡上章困敦，凡二年。

資治通鑑卷第一百一十一

资治通鉴卷第一百一十一

晋纪三十三 起屠维大渊献，尽上章困敦，凡二年。

安皇帝丙

隆安三年（己亥，公元三九九年）

春，正月，辛酉，大赦。

戊辰，燕昌黎尹留忠谋反，诛，事连尚书令东阳公根、尚书段成，皆坐死；遣中卫将军卫双就诛忠弟幽州刺史志于凡城。以卫将军平原公元为司徒、尚书令。

庚午，魏主珪北巡，分命大将军常山王遵等三军从东道出长川，镇北将军高凉王乐真等七军从西道出牛川，珪自将大军从中道出驳髯水以袭高车。

壬午，燕右将军张真、城门校尉和翰坐谋反诛。

癸未，燕大赦，改元长乐。燕主盛每十日一自决狱，不加拷掠，多得其情。

武威王乌孤徙治乐都，以其弟西平公利鹿孤镇安夷，广武公傉檀镇西平，叔父素渥镇湟河，若留镇浇河，从弟替引镇岭南，洛回镇廉川，从叔吐若留镇浩亹；夷、夏俊杰，随才授任，内居显位，外典郡县，咸得其宜。

乌孤谓群臣曰：「陇右、河西，本数郡之地，遭乱分裂至十馀国，吕氏、乞伏氏、段氏最强。今欲取之，三者何先？」杨统曰：「乞伏氏本吾之部落，终当服从。段氏书生，无能为患，且结好于我，攻之不义。吕光衰耄，嗣子微弱，纂、弘虽有才而内相猜忌，若使浩亹、廉川乘虚迭出，彼必疲于奔命，不过二年，兵劳民困，则姑臧可图也。姑臧举，则二寇不待攻而服矣。」乌孤曰：「善。」

二月，丁亥朔，魏军大破高车三十馀部，获七万馀口，马三十馀万匹，牛羊百四十馀万头。卫王仪别将三万骑绝漠千馀里，破其七部，获二万馀口，马五万馀匹，牛羊二万馀头。高车诸部大震。

林邑王范达陷日南、九真，遂寇交趾，太守杜瑗击破之。

庚戌，魏征虏将军庚岳破张超于勃海，斩之。

段业即凉王位，改元天玺。以沮渠蒙逊为尚书左丞，梁中庸为右丞。

魏主珪大猎于牛川之南，以高车人为围，周七百馀里；因驱其禽兽，南抵平城，使高车筑鹿苑，广数十里。三月，己未，珪还平城。

甲子，珪分尚书三十六曹及外署，凡置三百六十曹，令八部大夫主之。吏部尚书崔宏通署三十六曹，如令、仆统事。置五经博士，增国子太学生员合三千人。

珪问博士李先曰：「天下何物最善，可以益人神智？」对曰：「莫若书籍。」珪

日：『书籍凡有几何，如何可集？』对曰：『自书契以来，世有滋益，以至于今，不可胜计。苟人主所好，何忧不集！』珪从之，命郡县大索书籍，悉送平城。

初，秦王登之弟广帅众三千依南燕王德，德以为冠军将军，处之乞活堡。会荧惑守东井，或言秦当复兴，广乃自称为秦王，击南燕北地王钟，破之。是时，滑台孤弱，土无十城，众不过一万，钟既败，附德者多去德而附广。德乃留鲁阳王和守滑台，自帅众讨广，斩之。

燕主宝之至黎阳也，鲁阳王和长史李辩劝和纳之，和不从。辩惧，故潜引晋军至管城，欲因德出战而作乱。既而德不出，辩愈不自安。及德讨苻广，辩复劝和反。和不从，辩乃杀和，以滑台降魏。魏行台尚书和跋在邺，帅轻骑自邺赴之。既至，辩悔之，闭门拒守。跋使尚书郎邓晖说之，辩乃开门内跋，跋悉收德宫人府库。德遣兵击跋，跋逆击，破之，又破德将桂阳王镇，俘获千馀人。陈、颍之民多附于魏。

南燕右卫将军慕容云斩李辩，帅将士家属二万馀口出滑台赴德。德欲攻滑台，韩范曰：『向也魏为客，吾为主人；今也吾为客，魏为主人。人心危惧，不可复战，不如先据一方，自立基本，乃图进取。』张华曰：『彭城，楚之旧都，可攻而据之。』北地王钟等皆劝德攻滑台。尚书潘聪曰：『滑台四通八达之地，北有魏，南有晋，西有秦，居之未尝一日安也。彭城土旷人稀，平夷无险，且晋之旧镇，未易可取。又密迩江、淮，夏秋多水。乘舟而战者，吴之所长，我之所短也。青州沃野二千里，精兵十馀万，左有负海之饶，右有山河之固，广固城曹嶷所筑，地形阻峻，足为帝王之都。三齐英杰，思得明主以立功于世久矣。辟闾浑昔为燕臣，今宜遣辩士驰说于前，大兵继踵于后，若其不服，取之如拾芥耳。既得其地，然后闭关养锐，伺隙而动，此乃陛下之关中、河内也。』德犹豫未决。沙门竺朗素善占候，德使牙门苏抚问之，朗曰：『敬览三策，潘尚书之议，兴邦之言也。且今岁之初，彗星起奎、娄，扫虚、危；彗者，除旧布新之象，奎、娄为鲁，虚、危为齐。宜先取兖州，巡抚琅邪，至秋乃北徇齐地，此天道也。』抚又密问以年世，朗以《周易》筮之曰：『燕衰庚戌，年则一纪，世则及子。』抚还报德，德乃引师而南，兖州北鄙诸郡县皆降之。德置守宰以抚之，禁军士无得虏掠。百姓大悦，牛酒属路。

丙子，魏主珪遣建义将军庾真、越骑校尉奚斤击库狄、宥连、侯莫陈三部，皆破之，追奔至大峨谷，置戍而还。

己卯，追尊帝所生母陈夫人为德皇太后。

夏，四月，鲜卑叠掘河内帅户五千降于西秦。西秦王乾归以河内为叠掘都统，以宗

女妻之。

甲午，燕大赦。

会稽王道子有疾，且无日不醉。世子元显知朝望去之，乃讽朝廷解道子司徒、扬州刺史。乙未，以元显为扬州刺史。道子醒而后知之，大怒，无如之何。元显以庐江太守会稽张法顺为谋主，多引树亲党，朝贵皆畏事之。

燕散骑常侍馀超、左将军高和等坐谋反诛。

凉太子绍、太原公纂将兵伐北凉，北凉王业求救于武威王乌孤，乌孤遣骠骑大将军利鹿孤及杨轨救之。业将战，沮渠蒙逊谏曰：「杨轨恃鲜卑之强，有窥窬之志，绍、纂深入，置兵死地，不可敌也。今不战则有泰山之安，战则有累卵之危。」业从之，按兵不战。绍、纂引兵归。

六月，乌孤以利鹿孤为凉州牧，镇西平，召车骑大将军傉檀入录府国事。

会稽世子元显自以少年，不欲顿居重任；戊子，以琅邪王德文为司徒。

魏前河间太守范阳卢溥帅其部曲数千家，就食渔阳，遂据有数郡。秋，七月，己未，燕主盛遣使拜溥幽州刺史。

辛酉，燕主盛下诏曰：「法例律，公侯有罪，得以金帛赎，此不足以惩恶而利于王府，甚无谓也。自今皆令立功以自赎，勿复输金帛。」

西秦丞相南川宣公出连乞都卒。

秦齐公崇、镇东将军杨佛嵩寇洛阳，河南太守陇西辛恭靖婴城固守。雍州刺史杨佺期遣使求救于魏常山王遵，魏主珪以散骑侍郎西河张济为遵从事中郎以报之。佺期问于济曰：「魏之伐中山，戎士几何？」济曰：「四十馀万。」佺期曰：「以魏之强，小羌不足灭也。且晋之与魏，本为一家，今既结好，义无所隐。此间兵弱粮寡，洛阳之救，恃魏而已。若其保全，必有厚报；若其不守，与其使羌得之，不若使魏得之。」济还报。八月，珪遣太尉穆崇将六万骑往救之。

燕辽西太守李朗在郡十年，威行境内，恐燕主盛疑之，累征不赴。以其家在龙城，未敢显叛，阴召魏兵，许以郡降魏；遣使驰诣龙城，广张寇势。盛曰：「此必诈也。」召使者诘问，果无事实。盛尽灭朗族，丁酉，遣辅国将军李旱讨之。

初，魏奋武将军张衮以才谋为魏主珪所信重，委以腹心。珪问中州士人于衮，衮荐卢溥及崔逞，珪皆用之。

珪围中山，久未下，军食乏，问计于群臣。逞为御史中丞，对曰：「桑椹可以佐粮。飞鸮食椹而改音，诗人所称也。」珪虽用其言，听民以椹当租，然以逞为侮慢，心

衔之。秦人寇襄阳，雍州刺史郗恢以书求救于魏常山王遵曰：『贤兄虎步中原。』珪以恢无君臣之礼，命衮及逞为复书，必贬其主。衮、逞谓帝为贵主，珪怒曰：『命汝贬之，而谓之「贵主」，何如「贤兄」也！』逞之降魏也，以天下方乱，恐无复遗种，使其妻张氏与四子留冀州，逞独与幼子赜诣平城，所留妻子遂奔南燕。珪并以是责逞，赐逞死。卢溥受燕爵命，侵掠魏郡县，杀魏幽州刺史封沓干。珪谓衮所举皆非其人，黜衮为尚书令史。衮乃阖门不通人事，惟手校经籍，岁馀而终。

燕主宝之败也，中书令、民部尚书封懿降于魏。珪以懿为给事黄门侍郎、都坐大官。珪问懿以燕氏旧事，懿应对疏慢，亦坐废于家。

武威王秃发乌孤醉，走马伤胁而卒，遗令立长君。国人立其弟利鹿孤，谥乌孤曰武王，庙号烈祖。利鹿孤大赦，徙治西平。

南燕王德遣使说幽州刺史辟闾浑，欲下之，浑不从。德遣北地王钟帅步骑二万击之，德进据琅邪，徐、兖之民归附者十馀万。德自琅邪引兵而北，以南海王法为兖州刺史，镇梁父。进攻莒城，守将任安委城走。德以潘聪为徐州刺史，镇莒城。兰汗之乱，燕吏部尚书封孚南奔辟闾浑，浑表为勃海太守；及德至，孚出降，德大喜曰：『孤得青州不为喜，喜得卿耳！』遂委以机密。北地王钟传檄青州诸郡，谕以祸福，辟闾浑徙八千馀家入守广固，遣司马崔诞戍薄荀固，平原太守张豁戍柳泉；诞、豁承檄皆降于德。浑惧，携妻子奔魏，德遣射声校尉刘纲追之，及于莒城，斩之。浑子道秀自诣德，请与父俱死。德曰：『父虽不忠，而子能孝。』特赦之。浑参军张瑛为浑作檄，辞多不逊，德执而让之。瑛神色自若，徐曰：『浑之有臣，犹韩信之有蒯通。通遇汉祖而生，臣遭陛下而死。比之古人，窃为不幸耳！』德杀之。遂定都广固。

燕李旱行至建安，燕主盛急召之，君臣莫测其故。九月，辛未，复遣之。李朗闻其家被诛，拥二千馀户以自固；及闻旱还，谓有内变，不复设备，留其子养守令支，自迎魏师于北平。壬子，旱袭令支，克之，遣广威将军孟广平追及朗于无终，斩之。

秦主兴以灾异屡见，降号称王，下诏令群公、卿士、将牧、守宰各降一等；大赦，改元弘始。存问孤贫，举拔贤俊，简省法令，清察狱讼，守令之有政迹者赏之，贪残者诛之，远近肃然。

冬，十月，甲午，燕中卫将军卫双有罪，赐死。李旱还，闻双死，惧，弃军而亡，至板陉，复还归罪。燕主盛复其爵位，谓侍中孙勍曰：『旱为将而弃军，罪在不赦。然昔先帝蒙尘，骨肉离心，公卿失节，惟旱以宦者忠勤不懈，始终如一，故吾念其功而赦之耳。』

辛恭靖固守百余日，魏救未至，秦兵拔洛阳，获恭靖。恭靖见秦王兴，不拜，曰：『吾不为羌贼臣！』兴囚之，恭靖逃归。自淮、汉以北，诸城多请降，送任于秦。

魏主珪以穆崇为豫州刺史，镇野王。

会稽世子元显，性苛刻，生杀任意；发东土诸郡免奴为客者，号曰乐属，移置京师，以充兵役，东土嚣然苦之。

孙恩因民心骚动，自海岛帅其党杀上虞令，遂攻会稽。会稽内史王凝之，羲之之子也，世奉天师道，不出兵，亦不设备，日于道室稽颡跪咒。官属请出兵讨恩，凝之曰：『我已请大道，借鬼兵守诸津要，各数万，贼不足忧也。』及恩渐近，乃听出兵，恩已至郡下。甲寅，恩陷会稽，凝之出走，恩执而杀之，并其诸子。凝之妻谢道蕴，奕之女也，闻寇至，举措自若，命婢肩舆，抽刀出门，手杀数人，乃被执。吴国内史桓谦、临海太守新秦王崇、义兴太守魏隐皆弃郡走。于是会稽谢鍼、吴郡陆瑰、吴兴丘尪、义兴许允之、临海周胄、永嘉张永等及东阳、新安凡八郡人，一时起兵，杀长吏以应恩，旬日之中，众数十万。吴兴太守谢邈、永嘉太守司马逸、嘉兴公顾胤、南康公谢明慧、黄门郎谢冲、张琨、中书郎孔道等皆为恩党所杀。邈、冲，皆安之弟子也。时三吴承平日久，民不习战，故郡县兵皆望风奔溃。

恩据会稽，自称征东将军，逼人士为官属，号其党曰『长生人』，民有不与之同者，戮及婴孩，死者什七、八。醢诸县令以食其妻子，不肯食者，辄支解之。所过掠财物，烧邑屋，焚仓廪，刊木，堙井，相帅聚于会稽；妇人有婴儿不能去者，投于水中，曰：『贺汝先登仙堂，我当寻后就汝。』恩表会稽王道子及世子元显之罪，请诛之。

自帝即位以来，内外乖异，石头以南皆为荆、江所据，以西皆豫州所专，京口及江北皆刘牢之及广陵相高雅之所制，朝政所行，惟三吴而已。及孙恩作乱，八郡皆为恩有，畿内诸县，盗贼处处蜂起，恩党亦有潜伏在建康者，人情危惧，常虑窃发，于是内外戒严。加道子黄钺，元显领中军将军，命徐州刺史谢琰兼督吴兴、义兴军事以讨恩；刘牢之亦发兵讨恩，拜表辄行。

西秦以金城太守辛静为右丞相。

十二月，甲午，燕燕郡太守高湖帅户三千降魏。湖，泰之子也。

丙午，燕主盛封弟渊为章武公，虔为博陵公，子定为辽西公。

丁未，燕太后段氏卒，谥曰惠德皇后。

谢琰击斩许允之，迎魏隐还郡，进击丘尪，破之，与刘牢之转斗而前，所向辄克。琰留屯乌程，遣司马高素助牢之，进临浙江。诏以牢之都督吴郡诸军事。

期，已顿兵江口。若见与无贰，可收杨广杀之；如其不尔，便当帅兵入江。」时巴陵有积谷，玄先遣兵袭取之。梁州刺史郭铨当之官，路经夏口，玄诈称朝廷遣铨为己前锋，乃授以江夏之众，使督诸军并进，密报兄伟令为内应。伟遑遽不知所为，自赍疏示仲堪。仲堪执伟为质，令与玄书，辞甚苦至。玄曰：「仲堪为人无决，常怀成败之计，为儿子作虑，我兄必无忧也。」

仲堪遣殷遹帅水军七千至西江口，玄使郭铨、苻宏击之，遹等败走。玄顿巴陵，食其谷；仲堪遣杨广及弟子道护等拒之，皆为玄所败。江陵震骇。城中乏食，以胡麻廪军士。玄乘胜至零口，去江陵二十里，仲堪急召杨佺期以自救。佺期曰：「江陵无食，何以待敌！可来见就，共守襄阳。」仲堪志在全军保境，不欲弃州逆走，乃绐之曰：「比来收集，已有储矣。」佺期信之，帅步骑八千，精甲耀日，至江陵，仲堪唯以饭饷其军。佺期大怒曰：「今兹败矣！」不见仲堪，与其兄广共击玄。玄畏其锐，退军马头。明日，佺期引兵急击郭铨，几获之。会玄兵至，佺期大败，单骑奔襄阳。仲堪出奔酂城。玄遣将军冯该追佺期及广，皆获而杀之，传首建康。佺期弟思平、从弟尚保、孜敬逃入蛮中。仲堪闻佺期死，将数百人将奔长安，至冠军城，该追获之，还至柞溪，逼令自杀，并杀殷道护。仲堪奉天师道，祷请鬼神，不吝财贿，而啬于周急。好为小惠以悦人，病者自为诊脉分药，用计倚伏烦密，而短于鉴略，故至于败。

仲堪之走也，文武无送者，惟罗企生从之。路经家门，弟遵生曰：「作如此分离，何可不一执手！」企生旋马授手，遵生有力，因牵下之，曰：「家有老母，去将何之？」企生挥泪曰：「今日之事，我必死之，汝等奉养，不失子道。一门之中，有忠与孝，亦复何恨！」遵生抱之愈急。仲堪于路待之，见企生无脱理，策马而去。及玄至，荆州人士无不诣玄者，企生独不往，而营理仲堪家事。或曰：「如此，祸必至矣！」企生曰：「殷侯遇我以国士，为弟所制，不得随之共殄丑逆，复何面目就桓求生乎！」玄闻之，怒，然待企生素厚，先遣人谓曰：「若谢我，当释汝。」企生曰：「吾为殷荆州吏，荆州败，不能救，尚何谢为！」玄乃收之，复遣人问企生欲何言。企生曰：「文帝杀嵇康，嵇绍为晋忠臣。从公乞一弟以养老母！」；玄乃杀企生而赦其弟。

凉王光疾甚，立太子绍为天王，自号太上皇帝，以太原公纂为太尉，常山公弘为司徒，谓绍曰：「今国家多难，三邻伺隙，吾没之后，使纂统六军，弘管朝政，汝恭己无为，委重二兄，庶几可济。若内相猜忌，则萧墙之变，旦夕至矣。」又谓纂、弘曰：「永业才非拨乱，直以立嫡有常，猥居元首。今外有强寇，人心未宁，汝兄弟缉睦，则祚流万世；若内自相图，则祸不旋踵矣。」纂、弘泣曰：「不敢。」又执纂手戒之曰：

『汝性粗暴，深为吾忧。善辅永业，勿听谗言！』是日，光卒。绍秘不发丧，纂排阁入哭，尽哀而出。绍惧，以位让之，曰：『兄功高年长，宜承大统。』纂曰：『陛下国之冢嫡，臣敢奸之？』绍固让，纂不许。骠骑将军吕超谓绍曰：『纂为将积年，威震内外，临丧不安，步高视远，必有异志，宜早除之。』绍曰：『先帝言犹在耳，奈何弃之！吾以弱年负荷大任，方赖二兄以宁家国，纵其图我，我视死如归，终不忍有此意也。卿勿复言！』纂见绍于湛露堂，超执刀侍侧，目纂请收之，绍弗许。超，光弟宝之子也。

弘密遣尚书姜纪谓纂曰：『主上暗弱，未堪多难。兄威恩素著，宜为社稷计，不可徇小节也。』纂于是夜帅壮士数百逾北城，攻广夏门，弘帅东苑之众斧洪范门。左卫将军齐从守融明观，逆问之曰：『谁也？』众曰：『太原公。』从曰：『国有大故，主上新立，太原公行不由道，夜入禁城，将为乱邪？』因抽剑直前斫纂，中额，纂左右禽之。纂曰：『义士也，勿杀！』绍遣虎贲中郎将吕开帅禁兵拒战于端门，吕超帅卒二千赴之；众素惮纂，皆不战而溃。纂入自青角门，升谦光殿。绍登紫阁自杀。吕超奔广武。

纂惮弘兵强，以位让弘。弘曰：『弘以绍弟也，而承大统，众心不顺，是以违先帝遗命而废之，惭负黄泉！今复逾兄而立，岂弘之本志乎！』纂乃使弘出告众曰：『先帝临终，受诏如此。』群臣皆曰：『苟社稷有主，谁敢违者！』纂遂即天王位。大赦，改元咸宁，谥光曰懿武皇帝，庙号太祖；谥绍曰隐王。以弘为大都督、督中外诸军事、大司马、车骑大将军、司隶校尉、录尚书事，改封番禾郡公。

纂谓齐从曰：『卿前斫我，一何甚也！』从泣曰：『隐王，先帝所立；陛下虽应天顺人，而微心未达，唯恐陛下不死，何谓甚也！』纂赏其忠，善遇之。

纂叔父征东将军方镇广武，纂遣使谓方曰：『超实忠臣，义勇可嘉，但不识国家大体，权变之宜。方赖其用，以济世难，可以此意谕之。』超上疏陈谢，纂复其爵位。

是岁，燕主盛以河间公熙为都督中外诸军事、尚书左仆射，领中领军。

刘卫辰子文陈降魏；魏主珪妻以宗女，拜上将军，赐姓宿氏。

四年（庚子，公元四〇〇年）

春，正月，壬子朔，燕主盛大赦，自贬号为庶人天王。

魏材官将军和跋袭卢溥于辽西，戊午，克之，禽溥及其子焕，送平城，车裂之。燕主盛遣广威将军孟广平救溥，不及，斩魏辽西守宰而还。

乙亥，大赦。

西秦王乾归迁都苑川。

秃发利鹿孤大赦，改元建和。

高句丽王安事燕礼慢；二月，丙申，燕王盛自将兵三万袭之，以骠骑大将军熙为前锋，拔新城、南苏二城，开境七百馀里，徙五千馀户而还。熙勇冠诸将，盛曰：『叔父雄果，有世祖之风，但弘略不如耳！』

初，魏主珪纳刘头眷之女，宠冠后庭，生子嗣。及克中山，获燕主宝之幼女。将立皇后，用其国故事，铸金人以卜之，刘氏所铸不成，慕容氏成，三月，戊午，立慕容氏为皇后。

桓玄既克荆、雍，表求领荆、江二州。诏以玄为都督荆、司、雍、秦、梁、益、宁七州诸军事、荆州刺史，以中护军桓修为江州刺史。玄上疏固求江州，于是进玄督八州及扬、豫八郡诸军事，复领江州刺史。玄辄以兄伟为雍州刺史，朝廷不能违。又以从子振为淮南太守。

凉王纂以大司马弘功高地逼，忌之。弘亦自疑，遂以东苑之兵作乱，攻纂。纂遣其将焦辨击之，弘众溃，出走。纂纵兵大掠，悉以东苑妇女赏军，弘之妻子亦在中。纂笑谓群臣曰：『今日之战何如？』侍中房晷对曰：『天祸凉室，忧患仍臻。先帝始崩，隐

王废黜；山陵甫讫，大司马称兵；京师流血，昆弟接刃。虽弘自取夷灭，亦由陛下无棠棣之恩，当省己责躬谢百姓。乃更纵兵大掠，囚辱士女，衅自弘起，百姓何罪！且弘妻，陛下之弟妇，弘女，陛下之侄也，奈何使无赖小人辱为婢妾！天地神明，岂忍见此！』遂歔欷流涕。纂改容谢之，召弘妻子寘于东宫，厚抚之。

弘将奔秃发利鹿孤，道过广武，诣吕方。方见之，大哭曰：『天下甚宽，汝何为至此！』乃执弘送狱，纂遣力士康龙就拉杀之。

纂立妃杨氏为后，以后父桓为尚书左仆射、凉都尹。

辛卯，燕襄平令段登等谋反，诛。

凉王纂将伐武威王利鹿孤，中书令杨颖谏曰：『利鹿孤上下用命，国未有衅，不可伐也。』不从。利鹿孤使其弟傉檀拒之，夏，四月，傉檀败凉兵于三堆，斩首二千馀级。

初，陇西李暠好文学，有令名。尝与郭黁及同母弟敦煌宋繇同宿，黁起谓繇曰：『君当位极人臣，李君终当有国家；有骒马生白额驹。此其时也。』及孟敏为沙州刺史，以暠为效谷令；宋繇事北凉王业，为中散常侍。孟敏卒，敦煌护军冯翊郭谦、沙州治中敦煌索仙等以暠温毅有惠政，推为敦煌太守。暠初难之，会宋繇自张掖告归，谓暠曰：『段王无远略，终必无成。兄忘郭黁之言邪？白额驹今已生矣。』暠乃从之，遣使请命于

秋，七月，壬子，太皇太后李氏崩。

丁卯，大赦。

西秦王乾归使武卫将军慕兀等屯守，秦军樵采路绝，秦王兴潜引兵救之。乾归闻之，使慕兀帅中军二万屯柏杨，镇军将军罗敦帅外军四万屯侯辰谷，乾归自将轻骑数千前候秦兵。会大风昏雾，与中军相失，为追骑所逼，入于外军。旦，与秦战，大败，走归苑川，其部众三万六千皆降于秦。兴进军枹罕。

乾归奔金城，谓诸豪帅曰：「吾不才，叨窃名号，已逾一纪，今败散如此，无以待敌，欲西保允吾。若举国而去，必不得免；卿等留此，各以其众降秦。以全宗族，勿吾随也。」皆曰：「死生愿从陛下。」乾归曰：「吾今将寄食于人，若天未亡我，庶几异日克复旧业，复与卿等相见。今相随而死，无益也。」乃大哭而别。乾归独引数百骑奔允吾，乞降于武威王利鹿孤，利鹿孤遣广武公傉檀迎之。置于晋兴，待以上宾之礼。镇北将军秃发俱延言于利鹿孤曰：「乾归本吾之属国，因乱自尊，今势穷归命，非其诚款，若逃归姚氏，必为国患，不如徙置乙弗之间，使不得去。」利鹿孤曰：「彼穷来归我，而逆疑其心，何以劝来者！」俱延，利鹿孤之弟也。

秦兵既退，南羌梁戈等密招乾归，乾归将应之。其臣屋引阿洛以告晋兴太守阴畅，畅驰白利鹿孤，利鹿孤遣其弟吐雷帅骑三千屯扪天岭。乾归惧为利鹿孤所杀，谓其太子炽磐曰：「吾父子居此，必不为利鹿孤所容。今姚氏方强，吾将归之，若尽室俱行，必为追骑所及，吾以汝兄弟及汝母为质，彼必不疑，吾在长安，彼终不敢害汝也。」乃送炽磐等于西平。八月，乾归南奔枹罕，遂降于秦。

丁亥，尚书右仆射王雅卒。

九月，癸丑，地震。

凉吕方降于秦，广武民三千馀户奔武威王利鹿孤。

冬，十一月，高雅之与孙恩战于馀姚，雅之败，走山阴，死者什七、八。诏以刘牢之都督会稽等五郡，帅众击恩，恩走入海。牢之东屯上虞，使刘裕戍句章。吴国内史袁崧筑沪渎垒以备恩。崧，乔之孙也。

会稽世子元显求领徐州，诏以元显为开府仪同三司、都督扬、豫、徐、兖、青、幽、冀、并、荆、江、司、雍、梁、益、交、广十六州诸军事、领徐州刺史，封其子彦璋为东海王。

乞伏乾归至长安，秦王兴以为都督河南诸军事、河州刺史、归义侯。

久之，乞伏炽磐欲逃诣乾归，武威王利鹿孤追获之。利鹿孤将杀炽磐，广武公傉檀

业；业因以嵩为敦煌太守。右卫将军敦煌索嗣言于业曰：『李嵩不可使处敦煌。』业遂以嗣代嵩为敦煌太守，使帅五百骑之官。嗣未至二十里，移嵩迎己；嵩惊疑，将出迎之。效谷令张邈及宋繇止之曰：『段王暗弱，正是英豪有为之日；将军据一国成资，奈何拱手授人！嗣自恃本郡，谓人情附己，不意将军猝能拒之，可一战擒也。』嵩从之。先遣繇见嗣，啖以甘言。繇还，谓嵩曰：『嗣志骄兵弱，易取也。』嵩乃遣邈、繇与其二子歆、让逆击嗣，嗣败走，还张掖。嵩素与嗣善，尤恨之，表业请诛嗣。沮渠男成亦恶嗣，劝业除之；业乃杀嗣，遣使谢嵩，进嵩都督凉兴以西诸军事、镇西将军。

吐谷浑视罴卒，世子树洛干方九岁，弟乌纥堤立。妻树洛干之母念氏，生慕瑱、慕延。乌纥堤懦弱荒淫，不能治国；念氏专制国事，有胆智，国人畏服之。

燕前将军段玑，太后段氏之兄子也，为段登辞所连及，五月，壬子，逃奔辽西。

丙寅，卫将军东亭献侯王珣卒。

己巳，魏主珪东如涿鹿，西如马邑，观灅源。

戊寅，燕段玑复还归罪；燕王盛赦之，赐号曰思悔侯，使尚公主，入直殿内。

谢琰以资望镇会稽，不能绥怀，又不为武备。诸将咸谏曰：『贼近在海浦，伺人形便，宜开其自新之路。』琰不从，曰：『苻坚之众百万，尚送死淮南；孙恩小贼，败死入海，何能复出！若其果出，是天欲杀之也。』既而恩寇浃口，入馀姚，破上虞。进及邢浦，琰遣参军刘宣之击破之，恩退走。少日，复寇邢浦，官军失利，恩乘胜径进。己卯，至会稽。琰尚未食，曰：『要当先灭此贼而后食。』因跨马出战，兵败，为帐下都督张猛所杀。吴兴太守庾桓恐郡民复应恩，杀男女数千人，恩转寇临海。朝廷大震，遣冠军将军桓不才、辅国将军孙无终、宁朔将军高雅之拒之。

秦征西大将军陇西公硕德将兵五千伐西秦，入自南安峡。西秦王乾归帅诸将拒之，军于陇西。

杨轨、田玄明谋杀武威王利鹿孤，利鹿孤杀之。

六月，庚辰朔，日有食之。

以琅邪王师何澄为尚书左仆射。澄，准之子也。

甲子，燕大赦。

凉王纂将袭北凉，姜纪谏曰：『盛夏农事方殷，且宜息兵。今远出岭西，秃发氏乘虚袭京师，将若之何！』不从。进围张掖，西掠建康。秃发傉檀闻之，将万骑袭姑臧，纂弟陇西公纬凭北城以自固。傉檀置酒朱明门上，鸣钟鼓，飨将士，曜兵于青阳门，掠八千馀户而去。纂闻之，引兵还。

曰：『子而归父，无足深责，宜宥之以求大度。』利鹿孤从之。

秦王兴遣晋将刘嵩等二百馀人来归。

北凉晋昌太守唐瑶叛，移檄六郡，推李暠为冠军大将军、沙州刺史、凉公、领敦煌太守。暠赦其境内，改元庚子。以瑶为征东将军，郭谦为军谘祭酒，索仙为左长史，张邈为右长史，尹建兴为左司马，张体顺为右司马。遣从事中郎宋繇东伐凉兴，并击玉门已西诸城，皆下之。

酒泉太守王德亦叛北凉，自称河州刺史。北凉王业使沮渠蒙逊讨之。德焚城，将部曲奔唐瑶，蒙逊追至沙头，大破之，虏其妻子、部落而还。

十二月，戊寅，有星孛于天津。会稽世子元显以星变解录尚书事，复加尚书令。吏部尚书车胤以元显骄恣，白会稽王道子，请禁抑之。元显闻而未察，以问道子曰：『车武子屏人言及何事？』道子弗答。固问之，道子怒曰：『尔欲幽我，不令我与朝士语邪！』元显出，谓其徒曰：『车胤间我父子。』密遣人责之。胤惧，自杀。

壬辰，燕主盛立燕台，统诸部杂夷。

魏太史屡奏天文乖乱。魏主珪自览占书，多云改王易政，乃下诏风励群下，以帝王继统，皆有天命，不可妄干。又数变易官名，欲以厌塞灾异。

仪曹郎董谧献《服饵仙经》，珪置仙人博士，立仙坊，煮炼百药，封西山以供薪蒸。药成，令死罪者试服之，多死，不验；而珪犹信之，访求不已。

珪常以燕主垂诸子分据势要，使权柄下移，遂至败亡，深非之。博士公孙表希旨，上《韩非》书，劝珪以法制御下。左将军李栗性简慢，常对珪舒放不肃，咳唾任情；珪积其宿过，遂诛之，群下震栗。

丁酉，燕王盛尊献庄后丁氏为皇太后，立辽西公定为皇太子。大赦。

是岁，南燕王德即皇帝位于广固，大赦，改元建平。更名备德，欲使吏民易避。追谥燕主晞曰幽皇帝。以北地王钟为司徒，慕舆拔为司空，封孚为左仆射，慕舆护为右仆射。立妃段氏为皇后。

资治通鉴卷第一百一十二

晋纪三十四 起重光赤奋若，尽玄黓摄提格，凡二年。

安皇帝丁

隆安五年（辛丑，公元四〇一年）

春，正月，武威王利鹿孤欲称帝，群臣皆劝之。安国将军鍮勿仑曰：『吾国自上世以来，被发左衽，无冠带之饰，逐水草迁徙，无城郭室庐，故能雄视沙漠，抗衡中夏。今举大号，诚顺民心。然建都立邑，难以避患，储畜仓库，启敌人心。不如处晋民于城郭，劝课农桑以供资储，帅国人以习战射。邻国弱则乘之，强则避之，此久长之良策也。且虚名无实，徒足为世之质的，将安用之！』利鹿孤曰：『安国之言是也。』乃更称河西王，以广武公傉檀为都督中外诸军事、凉州牧、录尚书事。

二月，丙子，孙恩出浃口，攻句章，不能拔。刘牢之击之，恩复走入海。

秦王兴使乞伏乾归还镇苑川，尽以其故部众配之。

凉王纂嗜酒好猎，太常杨颖谏曰：『陛下应天受命，当以道守之。今疆宇日蹙，崎岖二岭之间，陛下不兢兢夕惕以恢弘先业，而沈湎游畋，不以国家为事，臣窃危之。』纂逊辞谢之，然犹不悛。

番禾太守吕超擅击鲜卑思盘，思盘遣其弟乞珍诉于纂，纂命超及思盘皆入朝。超惧，至姑臧，深自结于殿中监杜尚。纂见超，责之曰：『卿恃兄弟桓桓，乃敢欺吾。要当斩卿，天下乃定！』超顿首谢。纂本以恐愒超，实无意杀之。因引超、思盘及群臣同宴于内殿。超兄中领军隆数劝纂酒，纂醉，乘步挽车，将超等游禁中。至琨华堂东阁，车不得过，纂亲将窦川、骆腾倚剑于壁，推车过閤。超取剑击纂，纂下车禽超，超刺纂洞胸；川、腾与超格战，超杀之。纂后杨氏命禁兵讨超，杜尚止之，皆舍仗不战。将军魏益多入，取纂首，杨氏曰：『人已死，如土石，无所复知，何忍复残其形骸乎！』益多骂之，遂取纂首以徇，曰：『纂违先帝之命，杀太子而自立，荒淫暴虐。番禾太守超顺人心而除之，以安宗庙。凡我士庶，同兹休庆！』

纂叔父巴西公佗、弟陇西公纬皆在北城。或说纬曰：『超为逆乱，公以介弟之亲，仗大义而讨之。姜纪、焦辨在南城，杨桓、田诚在东苑，皆吾党也，何患不济！』纬严兵欲与佗共击超。佗妻梁氏止之曰：『纬、超俱兄弟之子，何为舍超助纬，自为祸首乎！』佗乃谓纬曰：『超举事已成，据武库，拥精兵，图之甚难。且吾老矣，无能为也。』超弟邈有宠于纬，说纬曰：『纂贼杀兄弟，隆、超顺人心而讨之，正欲尊立明公耳。方今明公先帝之长子，当主社稷，人无异望，夫复何疑！』纬信之，乃与隆、超结

盟，单马入城；超执而杀之。让位于隆，隆有难色。超曰：『今如乘龙上天，岂可中下！』隆遂即天王位，大赦，改元神鼎。尊母卫氏为太后；妻杨氏为后；以超为都督中外诸军事、辅国大将军、录尚书事，封安定公；谥纂曰灵帝。

纂后杨氏将出宫，超恐其挟珍宝，命索之。杨氏曰：『尔兄弟不义，手刃相屠。我旦夕死人，安用宝为！』超又问玉玺所在，杨氏曰：『已毁之矣。』后有美色，超将纳之，谓其父右仆射桓曰：『后若自杀，祸及卿宗！』桓以告杨氏。杨氏曰：『大人卖女与氐以图富贵，一之谓甚，其可再乎！』遂自杀，谥曰穆后。桓奔河西王利鹿孤，利鹿孤以为左司马。

三月，孙恩北趣海盐，刘裕随而拒之，筑城于海盐故治。恩日来攻城，裕屡击破之，斩其将姚盛。城中兵少不敌，裕夜偃旗匿众，明晨开门，使羸疾数人登城。贼遥问刘裕所在，曰：『夜已走矣。』贼信之，争入城。裕奋击，大破之。恩知城不可拔，乃进向沪渎，裕复弃城追之。

海盐令鲍陋遣子嗣之帅吴兵一千，请为前驱。裕曰：『贼兵甚精，吴人不习战，若前驱失利，必败我军；可在后为声势。』嗣之不从。裕乃多伏旗鼓，前驱既交，诸伏皆出。裕举旗鸣鼓，贼以为四面有军，乃退。嗣之追之，战没。裕且战且退，所领死伤且尽，至向战处，令左右脱取死人衣以示闲暇。贼疑之，不敢逼。裕大呼更战，贼惧而退，裕乃引归。

河西王利鹿孤伐凉，与凉王隆战，大破之，徙二千馀户而归。

夏，四月，辛卯，魏人罢邺行台，以所统六郡置相州，以庾岳为刺史。

乞伏乾归至苑川，以边芮为长史，王松寿为司马，公卿、将帅皆降为僚佐偏裨。

北凉王业惮沮渠蒙逊勇略，欲远之；蒙逊亦深自晦匿，业以门下侍郎马权代蒙逊为张掖太守。权素豪隽，为业所亲重，常轻侮蒙逊。蒙逊谮之于业曰：『天下不足虑，惟当忧马权耳。』业遂杀权。

蒙逊谓沮渠男成曰：『段公无鉴断之才，非拨乱之主，向所惮者惟索嗣、马权。今皆已死，蒙逊欲除之以奉兄，何如？』男成曰：『业本孤客，为吾家所立，恃吾兄弟，犹鱼之有水。夫人亲信我而图之，不祥。』蒙逊乃求为西安太守。业喜其出外，许之。

蒙逊与男成约同祭兰门山，而阴使司马许咸告业曰：『男成欲以取假日为乱。若求祭兰门山，臣言验矣。』至期，果然。业收男成，赐死。男成曰：『蒙逊先与臣谋反，臣以兄弟之故，隐而不言。今以臣在，恐部众不从，故约臣祭山而返诬臣，其意欲王之杀臣也。乞诈言臣死，暴臣罪恶，蒙逊必反；臣然后奉王命而讨之，无不克矣。』业不

听，杀之。蒙逊泣告众曰：『男成忠于段王，而段王无故枉杀之，诸君能为报仇乎？且始者共立段王，欲以安众耳，今州土纷乱，非段王所能济也。』男成素得众心，众皆愤泣争奋，比至氐池，众逾一万。镇军将军臧莫孩率所部降之，羌、胡多起兵应蒙逊者。蒙逊进壁侯坞。

业先疑右将军田昂，囚之；至是召昂，谢而赦之，使与武卫将军梁中庸共讨蒙逊。别将王丰孙言于业曰：『西平诸田，世有反者。昂貌恭而心险，不可信也。』业曰：『吾疑之久矣，但非昂无可以讨蒙逊者。』昂至侯坞，率骑五百降于蒙逊，业军遂溃，中庸亦诣蒙逊降。

五月，蒙逊至张掖，田昂兄子承爱斩关内之，业左右皆散。蒙逊至，业谓蒙逊曰：『孤孑然一己，为君家所推，愿匄馀命，使得东还与妻子相见。』蒙逊斩之。

业，儒素长者，无他权略，威禁不行，群下擅命；尤信卜筮、巫觋，故至于败。

沮渠男成之弟富占、将军俱傫帅户五百降于河西王利鹿孤。傫，石子之子也。

孙恩陷沪渎，杀吴国内史袁崧，死者四千人。

凉王隆多杀豪望以立威名，内外嚣然，人不自保。魏安人焦朗遣使说秦陇西公硕德曰：『吕氏自武皇弃世，兄弟相攻，政纲不立，竞为威虐。百姓饥馑，死者过半。今乘其篡夺之际，取之易于返掌，不可失也。』硕德言于秦王兴，兴帅步骑六万伐凉，乞伏乾归帅骑七千从之。

六月，甲戌，孙恩浮海奄至丹徒，战士十馀万，楼船千馀艘，建康震骇。乙亥，内外戒严，百官入居省内。冠军将军高素等守石头，辅国将军刘袭栅断淮口，丹阳尹司马恢之戍南岸，冠军将军桓谦等备白石，左卫将军王嘏等屯中堂，征豫州刺史谯王尚之入卫京师。

刘牢之自山阴引兵邀击恩，未至而恩已过，乃使刘裕自海盐入援。裕兵不满千人，倍道兼行，与恩俱至丹徒。裕众既少，加以涉远疲劳，而丹徒守军莫有斗志。恩帅众鼓噪，登蒜山，居民皆荷担而立。裕帅所领奔击，大破之，投崖赴水死者甚众，恩狼狈仅得还船。然恩犹恃其众，寻复整兵径向京师。后将军元显帅兵拒战，频不利。会稽王道子无他谋略，唯日祷蒋侯庙。恩来渐近，百姓恟惧。谯王尚之帅精锐驰至，径屯积弩堂。恩楼船高大，溯风不得疾行，数日乃至白石。恩本以诸军分散，欲掩不备；既而知尚之在建康，复闻刘牢之已还，至新洲，不敢进而去，浮海北走郁洲。恩别将攻陷广陵，杀三千人。宁朔将军高雅之击恩于郁洲，为恩所执。

桓玄厉兵训卒，常伺朝廷之隙，闻孙恩逼京师，建牙聚众，上疏请讨之。元显大

惧。会恩退，元显以诏书止之，玄乃解严。

梁中庸等共推沮渠蒙逊为大都督、大将军、凉州牧、张掖公，赦其境内，改元永安。蒙逊署从兄伏奴为张掖太守、和平侯，弟挐为建忠将军、都谷侯，田昂为西郡太守，臧莫孩为辅国将军，房晷、梁中庸为左、右长史，张骘、谢正礼为左右司马。擢任贤才，文武咸悦。

河西王利鹿孤命群臣极言得失。西曹从事史暠曰：「陛下命将出征，往无不捷。然不以绥宁为先，唯以徙民为务；民安土重迁，故多离叛，此所以斩将拔城而地不加广也。」利鹿孤善之。

秋，七月，魏兖州刺史长孙肥将步骑二万南徇许昌，东至彭城，将军刘该降之。

秦陇西公硕德自金城济河，直趣广武，河西王利鹿孤摄广武守军避之。秦军至姑臧，凉王隆遣辅国大将军超、龙骧将军邈等逆战，硕德大破之，生禽邈，俘斩万计。隆婴城固守，巴西公佗帅东苑之众二万五千降于秦。西凉公暠、河西王利鹿孤、沮渠蒙逊各遣使奉表入贡于秦。

初，凉将姜纪降于河西王利鹿孤，广武公傉檀与论兵略，甚爱重之，坐则连席，出则同车，每谈论，以夜继昼。利鹿孤谓傉檀曰：「姜纪信有美才，然视候非常，必不久

留于此，不如杀之。纪若入秦，必为人患。」傉檀曰：「臣以布衣之交待纪，纪必不相负也。」八月，纪将数十骑奔秦军，说硕德曰：「吕隆孤城无援，明公以大军临之，其势必请降；然彼徒文降而已，未肯遂服也。请给纪步骑三千，与王松忽因焦朗、华纯之众，伺其衅隙，隆不足取也。不然，今秃发在南，兵强国富，若兼姑臧而据之，威势益盛，沮渠蒙逊、李暠不能抗也，必将归之，如此，则为国家之大敌矣。」硕德乃表纪为武威太守，配兵二千，屯据晏然。

秦王兴闻杨桓之贤而征之，利鹿孤不敢留。

诏以刘裕下邳太守，讨孙恩于郁洲，累战，大破之。恩由是衰弱，复缘海南走，裕亦随而邀击之。

燕王盛惩其父宝以懦弱失国，务峻威刑，又自矜聪察，多所猜忌，群臣有纤介之嫌，皆先事诛之。由是宗亲、勋旧，人不自保。丁亥，左将军慕容国与殿上将军秦舆、段赞谋帅禁兵袭盛，事发，死者五百余人。壬辰夜，前将军段玑与秦舆之子兴、段赞之子泰潜于禁中鼓噪大呼。盛闻变，帅左右出战，贼众逃溃。玑被创，匿厢屋间。俄有一贼从暗中击盛，盛被伤，辇升前殿，申约禁卫，事定而卒。

中垒将军慕容拔、冗从仆射郭仲白太后丁氏，以为国家多难，宜立长君。时众望在

盛弟司徒、尚书令、平原公元，而河间公熙素得幸于丁氏，丁氏乃废太子定，密迎熙入宫。明旦，群臣入朝，始知有变，因上表劝进于熙。熙以让元，元不敢当。癸巳，熙即天王位，捕获段玑等，皆夷三族。甲午，大赦。丙申，平原公元以嫌赐死。闰月，辛酉，葬盛于兴平陵，谥曰昭武皇帝，庙号中宗。丁氏送葬未还，中领军慕容提、步军校尉张佛等谋立故太子定，事觉，伏诛，定亦赐死。丙寅，大赦，改元光始。

秦陇西公硕德围姑臧累月，东方之人在城中者多谋外叛，魏益多复诱扇之，欲杀凉王隆及安定公超，事发，坐死者三百馀家。硕德抚纳夷、夏，分置守宰，节食聚粟，为持久之计。

凉之群臣请与秦连和，隆不许。安定公超曰：『今资储内竭，上下嗷嗷，虽使张、陈复生，亦无以为策。陛下当思权变屈伸，何爱尺书、单使为卑辞以退敌！敌去之后，修德政以息民，若卜世未穷，何忧旧业之不复！若天命去矣，亦可以保全宗族。不然，坐守困穷，终将何如！』隆乃从之，九月，遣使请降于秦。硕德表隆为镇西大将军、凉州刺史、建康公。隆遣子弟及文武旧臣慕容筑、杨颖等五十馀家入质于长安。硕德军令严整，秋毫不犯，祭先贤，礼名士，西土悦之。

沮渠蒙逊所部酒泉、凉宁二郡叛降于西凉，又闻吕隆降秦，大惧，遣其弟建忠将军

挐、牧府长史张潜见硕德于姑臧，请帅其众东迁。硕德喜，拜潜张掖太守，挐建康太守。潜劝蒙逊东迁。挐私谓蒙逊曰：『姑臧未拔，吕氏犹存，硕德粮尽将还，不能久也。何为自弃土宇，受制于人乎！』臧莫孩亦以为然。

蒙逊遣子奚念为质于河西王利鹿孤，利鹿孤不受，曰：『奚念年少，可遣挐也。』冬，十月，蒙逊复遣使上疏于利鹿孤曰：『臣前遣奚念具披诚款，而圣旨未昭，复征弟挐。臣窃以为苟有诚信，则子不为轻；若其不信，则弟不为重。今寇难未夷，不获奉诏，愿陛下亮之。』利鹿孤怒，遣张松侯俱延、兴城侯文支将骑一万袭蒙逊，至万岁临松，执蒙逊从弟鄯善苟子，虏其民六千馀户。蒙逊从叔孔遮入朝于利鹿孤，许以挐为质。利鹿孤乃归其所掠，召俱延等还。文支，利鹿孤之弟也。

南燕主备德宴群臣于延贤堂，酒酣，谓群臣曰：『朕可方自古何等主？』青州刺史鞠仲曰：『陛下中兴圣主，少康、光武之俦。』备德顾左右赐仲帛千匹，仲以所赐多，辞之。备德曰：『卿知调朕，朕不知调卿邪！卿所对非实，故朕亦以虚言赏卿耳。』韩范进曰：『天子无戏言。今日之论，君臣俱失。』备德大悦，赐范绢五十匹。

备德母及兄纳皆在长安，备德遣平原人杜弘往访之。弘曰：『臣至长安，若不奉太后动止，当西如张掖，以死为效。臣父雄年逾六十，乞本县之禄以申乌鸟之情。』中书

令张华曰：『杜弘未行而求禄，要君之罪大矣。』备德曰：『弘为君迎母，为父求禄，忠孝备矣，何罪之有！』以雄为平原令。弘至张掖，为盗所杀。

十一月，刘裕追孙恩至沪渎、海盐，又破之，俘斩以万数，恩遂自浃口远窜入海。

十二月，辛亥，魏主珪遣常山王遵、定陵公和跋帅众五万袭没弈干于高平。

乙卯，魏虎威将军宿沓干伐燕，攻令支；乙丑，燕中领军宇文拔救之。壬午，宿沓干拔令支而戍之。

吕超攻姜纪，不克，遂攻焦朗。朗遣其弟子嵩为质于河西王利鹿孤以请迎，利鹿孤遣车骑将军傉檀赴之。比至，超已退，朗闭门拒之。傉檀怒，将攻之，镇北将军俱延谏曰：『安土重迁，人之常情。朗孤城无食，今年不降，后年自服，何必多杀士卒以攻之！若其不捷，彼必去从他国。弃州境士民以资邻敌，非计也，不如以善言谕之。』傉檀乃与朗连和，遂曜兵姑臧，壁于胡阬。

傉檀知吕超必来斫营，畜火以待之。超夜遣中垒将军王集帅精兵二千斫傉檀营，傉檀徐严不起。集入垒中，内外皆举火，光照如昼；纵兵击之，斩集及甲首三百馀级。吕隆惧，伪与傉檀通好，请于苑内结盟。傉檀遣俱延入盟，俱延疑其有伏，毁苑墙而入。超伏兵击之，俱延失马步走，凌江将军郭祖力战拒之，俱延乃得免。傉檀怒，攻其昌松太守孟祎于显美。隆遣广武将军荀安国、宁远将军石可帅骑五百救之。安国等惮傉檀之强，遁还。

桓玄表其兄伟为江州刺史，镇夏口；司马刁畅为辅国将军、督八郡军事，镇襄阳；遣其将皇甫敷、冯该戍湓口。移沮、漳蛮二千户于江南，立武宁郡；更招集流民，立绥安郡。诏征广州刺史刁逵、豫章太守郭昶之，玄皆留不遣。

玄自谓有晋国三分之二，数使人上己符瑞，欲以惑众；又致笺于会稽王道子曰：『贼造近郊，以风不得进，以雨不致火，食尽故去耳，非力屈也。昔国宝死后，王恭不乘此威入统朝政，足见其心非侮于明公也，而谓之不忠。今之贵要腹心，有时流清望者谁乎？岂可云无佳胜！直是不能信之耳！尔来一朝一夕，遂成今日之祸。在朝君子皆畏祸不言，玄忝任在远，是以披写事实。』元显见之，大惧。

张法顺谓元显曰：『桓玄承藉世资，素有豪气，既并殷、杨，专有荆楚，第下之所控引止三吴耳。孙恩为乱，东土涂地，公私困竭，玄必乘此纵其奸凶，窃用忧之。』元显曰：『为之奈何？』法顺曰：『玄始得荆州，人情未附，方务绥抚，未暇他图。若乘此际使刘牢之为前锋，而第下以大军继进，玄可取也。』元显以为然。会武昌太守庾楷以玄与朝廷构怨，恐事不成，祸及于己，密使人自结于元显，云：『玄大失人情，众不

为用，若朝廷遣军，已当为内应。』元显大喜，遣张法顺至京口，谋于刘牢之；牢之以为难。法顺还，谓元显曰：『观牢之言色，必贰于我，不如召入杀之；不尔，败人大事。』元显不从。于是大治水军，征兵装舰，以谋讨玄。

元兴元年（壬寅，公元四〇二年）

春，正月，庚午朔，下诏罪状桓玄，以尚书令元显为骠骑大将军、征讨大都督、都督十八州诸军事，加黄钺，又以镇北将军刘牢之为前锋都督，前将军谯王尚之为后部，因大赦，改元，内外戒严；加会稽王道子太傅。

元显欲尽诛诸桓。中护军桓修，骠骑长史王诞之甥也，诞有宠于元显，因陈修等与玄志趣不同，元显乃止。诞，导之曾孙也。

张法顺言于元显曰：『桓谦兄弟每为上流耳目，宜斩之以杜奸谋。且事之济不，系在前军，而牢之反覆，万一有变，则祸败立至。可令牢之杀谦兄弟以示无贰心，若不受命，当逆为之所。』元显曰：『今非牢之，无以敌玄；且始事而诛大将，人情不安。』再三不可。又以桓氏世为荆土所附，桓冲特有遗惠，而谦，冲之子也，乃自骠骑司马除都督荆、益、宁、梁四州诸军事、荆州刺史，欲以结西人之心。

丁丑，燕慕容拔攻魏令支戍，克之，宿沓干走，执魏辽西太守那颉。燕以拔为幽州

刺史，镇令支，以中坚将军辽西阳豪为本郡太守。丁亥，以章武公渊为尚书令，博陵公虔为尚书左仆射，尚书王腾为右仆射。

戊子，魏材官将军和突攻黜弗、素古延等诸部，破之。初，魏主珪遣北部大人贺狄干献马千匹求婚于秦，秦王兴闻珪已立慕容后，止狄干而绝其婚；没弈干、黜弗、素古延，皆秦之属国也，而魏攻之，由是秦、魏有隙。庚寅，珪大阅士马，命并州诸郡积谷于平阳之乾壁，以备秦。

柔然社仑方睦于秦，遣将救黜弗、素古延；辛卯，和突逆击，大破之，社仑帅其部落远遁漠北，夺高车之地而居之。斛律部帅倍侯利击社仑，大为所败，倍侯利奔魏。社仑于是西北击匈奴遗种日拔也鸡，大破之，遂吞并诸部，士马繁盛，雄于北方。其地西至焉耆，东接朝鲜，南临大漠，旁侧小国皆羁属焉。自号豆代可汗。始立约束，以千人为军，军有将；百人为幢，幢有帅。攻战先登者赐以虏获，畏懦者以石击其首而杀之。

秃发傉檀克显美，执孟祎而责之，以其不早降。祎曰：『祎受吕氏厚恩，分符守土；若明公大军甫至，望旗归附，恐获罪于执事矣。』傉檀释而礼之，徙二千余户而归，以祎为左司马。祎辞曰：『吕氏将亡，圣朝必取河右，人无愚智皆知之。但祎为人守城不能全，复忝显任，于心窃所未安。若蒙明公之惠，使得就戮姑臧，死且不朽。』傉檀

义而归之。

东土遭孙恩之乱，因以饥馑，漕运不继。桓玄禁断江路，商旅俱绝，公私匮乏，以粰、橡给士卒。玄谓朝廷方多忧虞，必未暇讨己，可以蓄力观衅。及大军将发，从兄太傅长史石生密以书报之。玄大惊，欲完聚保江陵。长史卞范之曰：『明公英威振于远近，元显口尚乳臭，刘牢之大失物情，若兵临近畿，示以祸福，土崩之势可翘足而待，何有延敌入境，自取穷蹙者乎！』玄从之，留桓伟守江陵，抗表传檄，罪状元显，举兵东下。檄至　元显大惧。二月，丙午，帝饯元显于西池，元显下船而不发。

癸丑，魏常山王遵等至高平，没弈干弃其部众，帅数千骑与刘勃勃奔秦州。魏军追至瓦亭，不及而还，尽获其府库蓄积，马四万馀匹，杂畜九万馀口，徙其民于代都，馀种分迸。平阳太守贰尘复侵秦河东，长安大震，关中诸城昼闭，秦人简兵训卒以谋伐魏。

秦王兴立子泓为太子，大赦。泓孝友宽和，喜文学，善谈咏，而懦弱多病。兴欲以为嗣，而狐疑不决，久乃立之。

姑臧大饥，米斗直钱五千，人相食，饥死者十馀万口。城门昼闭，樵采路绝，民请出城为胡虏奴婢者，日有数百，吕隆恶其沮动众心，尽坑之，积尸盈路。

沮渠蒙逊引兵攻姑臧，隆遣使求救于河西王利鹿孤，利鹿孤遣广武公傉檀帅骑一万救之，未至，隆击破蒙逊军。蒙逊请与隆盟，留谷万馀斛遗之而还。傉檀至昌松，闻蒙逊已退，乃徙凉泽段冢民五百馀户而还。

中散骑常侍张融言于利鹿孤曰：『焦朗兄弟据魏安，潜通姚氏，数为反覆，今不取，后必为朝廷忧。』利鹿孤遣傉檀讨之，朗面缚出降，傉檀送于西平，徙其民于乐都。

桓玄发江陵，虑事不捷，常为西还之计。及过寻阳，不见官军，意甚喜，将士之气亦振。庚楷谋泄，玄囚之。丁巳，诏遣齐王柔之以驺虞幡宣告荆、江二州，使罢兵；玄前锋杀之。柔之，宗之子也。

丁卯，玄至姑孰，使其将冯该等攻历阳，襄城太守司马休之婴城固守。玄军断洞浦，焚豫州舟舰。豫州刺史谯王尚之帅步卒九千阵于浦上，遣武都太守杨秋屯横江，秋降于玄军。尚之众溃，逃于涂中，玄捕获之。司马休之出战而败，弃城走。

刘牢之素恶骠骑大将军元显，恐桓玄既灭，元显益骄恣，又恐己功名愈盛，不为元显所容，且自恃材武，拥强兵，欲假玄以除执政，复伺玄之隙而自取之，故不肯讨玄。元显日夜昏酣，以牢之为前锋。牢之骤诣门，不得见，及帝出饯元显，遇之公坐而已。

牢之军溧洲，参军刘裕请击玄，牢之不许。玄使牢之族舅何穆说牢之曰：『自古戴

震主之威，挟不赏之功而能自全者，谁邪？越之文种，秦之白起，汉之韩信，皆事明主，为之尽力，功成之日，犹不免诛夷，况为凶愚者之用乎！君如今日战胜则倾宗，战败则覆族，欲以此安归乎！不若翻然改图，则可以长保富贵矣。古人射钩、斩祛，犹不害为辅佐，况玄与君无宿昔之怨乎！』时谯王尚之已败，人情愈恐，牢之颇纳穆言，与玄交通。东海中尉东海何无忌，牢之之甥也，与刘裕极谏，不听。其子骠骑从事中郎敬宣谏曰：『今国家衰危，天下之重在大人与玄。玄藉父、叔之资，据有全楚，割晋国三分之二，一朝纵之使陵朝廷，玄威望既成，恐难图也，董卓之变，将在今矣。』牢之怒曰：『吾岂不知！今日取玄如反覆手耳；但平玄之后，令我奈骠骑何！』三月，乙巳朔，牢之遣敬宣诣玄请降。玄阴欲诛牢之，乃与敬宣宴饮，陈名书画共观之，以安悦其意；敬宣不之觉，玄佐吏莫不相视而笑。玄版敬宣为咨议参军。

元显将发，闻玄已至新亭，弃船，退屯国子学。辛未，陈于宣阳门外。军中相惊，言玄已至南桁，元显引兵欲还宫。玄遣人拔刀随后大呼曰：『放仗！』军人皆崩溃，元显乘马走入东府，唯张法顺一骑随之。元显问计于道子，道子但对之涕泣。玄遣太傅从事中郎毛泰收元显送新亭，缚于舫前而数之。元显曰：『为王诞、张法顺所误耳。』

壬申，复隆安年号，帝遣侍中劳玄于安乐渚。玄入京师，称诏解严，以玄总百揆、都督中外诸军事、丞相、录尚书事、扬州牧、领徐、荆、江三州刺史，假黄钺。玄以桓伟为荆州刺史，桓谦为尚书左仆射，桓修为徐、兖二州刺史，桓石生为江州刺史，卞范之为丹阳尹。

初，玄之举兵，侍中王谧奉诏诣玄，玄亲礼之。及玄辅政，以谧为中书令。谧，导之孙也。新安太守殷仲文，觊之弟也，玄姊为仲文妻。仲文闻玄克京师，弃郡投玄，玄以为咨议参军。刘迈往见玄，玄曰：『汝不畏死，而敢来邪？』迈曰：『射钩斩祛，并迈为三。』玄悦，以为参军。

癸酉，有司奏会稽王道子酣纵不孝，当弃市，诏徙安成郡；斩元显及东海王彦璋、谯王尚之、庾楷、张法顺、毛泰等于建康市。桓修为王诞固请，得流岭南。

玄以刘牢之为会稽内史。牢之曰：『始尔，便夺我兵，祸其至矣！』刘敬宣请归谕牢之，使受命，玄遣之。敬宣劝牢之袭玄，牢之犹豫不决，移屯班渎，私告刘裕曰：『今当北就高雅之于广陵，举兵以匡社稷，卿能从我去乎？』裕曰：『将军以劲卒数万，望风降服，彼新得志，威震天下，朝野人情皆已去矣，广陵岂可得至邪！裕当反服还京口耳。』何无忌谓裕曰：『我将何之？』裕曰：『吾观镇北必不免，卿可随我还京口。桓玄若守臣节，当与卿事之；不然，当与卿图之。』

于是牢之大集僚佐，议据江北以讨玄。参军刘袭曰：『事之不可者莫大于反。将军往年反王兖州，近日反司马郎君，今复反桓公；一人三反，何以自立！』语毕，趋出，佐吏多散走。牢之惧，使敬宣之京口迎家；失期不至，牢之以为事已泄，为玄所杀，乃帅部曲北走，至新洲，缢而死。敬宣至，不暇哭，即渡江奔广陵。将吏共殡敛牢之，以其丧归丹徒。玄令斫棺斩首，暴尸于市。

大赦，改元大亨。

桓玄让丞相荆、江、徐三州，改授太尉、都督中外诸军事、扬州牧、领豫州刺史，总百揆；以琅邪王德文为太宰。

司马休之、刘敬宣、高雅之俱奔洛阳，各以子弟为质于秦以求救。秦王兴与之符信，使于关东募兵，得数千人，复还屯彭城间。

孙恩寇临海，临海太守辛景击破之，恩所虏三吴男女，死亡殆尽。恩恐为官军所获，乃赴海死，其党及妓妾从死者以百数，谓之『水仙』。馀众数千人复推恩妹夫卢循为主。循，谌之曾孙也，神采清秀，雅有材艺。少时，沙门惠远尝谓之曰：『君虽体涉风素，而志存不轨，如何？』太尉玄欲抚安东土，乃以循为永嘉太守。循虽受命，而寇暴不已。

甲戌，燕大赦。

河西王秃发利鹿孤寝疾，遗令以国事授弟傉檀。初，秃发思复鞬爱重傉檀，谓诸子曰：『傉檀器识，非汝曹所及也。』故诸兄不以传子而传于弟。利鹿孤在位，垂拱而已，军国大事皆委于傉檀。利鹿孤卒，傉檀袭位，更称凉王，改元弘昌，迁于乐都，谥利鹿孤曰康王。

夏，四月，太尉玄出屯姑孰，辞录尚书事，诏许之，而大政皆就咨焉，小事则决于尚书令桓谦及卞范之。

自隆安以来，中外之人厌于祸乱。及玄初至，黜奸佞，擢隽贤，京师欣然，冀得少安。既而玄奢豪纵逸，政令无常，朋党互起，陵侮朝廷，裁损乘舆供奉之具，帝几不免饥寒，由是众心失望。三吴大饥，户口减半，会稽减什三、四，临海、永嘉殆尽，富室皆衣罗纨，怀金玉，闭门相守饿死。

乞伏炽磐自西平逃归苑川，南凉王傉檀归其妻子。乞伏乾归使炽磐入朝于秦，秦主兴以炽磐为兴晋太守。

五月，卢循自临海入东阳，太尉玄遣抚军中兵参军刘裕将兵击之，循败，走永嘉。

高句丽攻宿军，燕平州刺史慕容归弃城走。

秦主兴大发诸军，遣义阳公平、尚书右仆射狄伯支等将步骑四万伐魏，兴自将大军继之，以尚书令姚晃辅太子泓守长安，没弈干权镇上邽，广陵公钦权镇洛阳。平攻魏乾壁六十馀日，拔之。秋，七月，魏主珪遣毗陵王顺及豫州刺史长孙肥将六万骑为前锋，自将大军继发以击之。

八月，太尉玄讽朝廷以玄平元显功封豫章公，平殷、杨功封桂阳公，并本封南郡如故。玄以豫章封其子昇，桂阳封其兄子俊。

魏主珪至永安，秦义阳公平遣骁将帅精骑二百觇魏军，长孙肥逆击，尽擒之。平退走，珪追之，乙巳，及于柴壁。平婴城固守，魏军围之。秦王兴将兵四万七千救之，将据天渡运粮以馈平。魏博士李先曰："兵法：高者为敌所栖，深者为敌所囚。今秦皆犯之，宜及兴未至，遣奇兵先据天渡，柴壁可不战而取也。"珪命增筑重围，内以防平之出，外以拒兴之入。广武将军安同曰："汾东有蒙坑，东西三百馀里，蹊径不通。兴来，必从汾西直临柴壁；如此，虏声势相接，重围虽固，不能制也。不如为浮梁，渡汾西，筑围以拒之。虏至，无所施其智力矣。"珪从之。兴至蒲阪，惮魏之强，久乃进兵。甲子，珪帅步骑三万逆击兴于蒙坑之南，斩首千馀级，兴退走四十馀里，平亦不敢出。珪乃分兵四据险要，使秦兵不得近柴壁。兴屯汾西，凭壑为垒，束柏材从汾上流纵之，欲以毁浮梁，魏人皆钩取以为薪蒸。

冬，十月，平粮竭矢尽，夜，悉众突西南围求出；兴列兵汾西，举烽鼓噪为应。兴欲平力战突免，平望兴攻围引接，但叫呼相和，莫敢逼围。平不得出，计穷，乃帅麾下赴水死，诸将多从平赴水；珪使善游者钩捕之，无得免者。执狄伯支及越骑校尉唐小方等四十馀人，馀众二万馀人皆敛手就禽。兴坐视其穷，力不能救，举军恸哭，声震山谷。数遣使求和于魏，珪不许，乘胜进攻蒲阪，秦晋公绪固守不战。会柔然谋伐魏，珪闻之，戊申，引兵还。

或告太史令晁崇及弟黄门侍郎懿潜召秦兵，珪至晋阳，赐崇、懿死。

秦徙河西豪右万馀户于长安。

太尉玄杀吴兴太守高素、将军竺谦之及谦之从兄朗之、刘袭并袭弟季武，皆刘牢之北府旧将也。袭兄冀州刺史轨邀司马休之、刘敬宣、高雅之等共据山阳，欲起兵攻玄，不克而走。将军袁虔之、刘寿、高长庆、郭恭等皆往从之。将奔魏，至陈留南，分为二辈：轨、休之、敬宣奔南燕；虔之、寿、长庆、恭奔秦。

魏主珪初闻休之等当来，大喜。后怪其不至，令兖州求访，获其从者，问其故，皆曰："魏朝威声远被，是以休之等咸欲归附；既而闻崔逞被杀，故奔二国。"珪深悔

之。自是士人有过，颇见优容。

南凉王傉檀攻吕隆于姑臧。

燕王熙纳故中山尹苻谟二女，长曰娀娥，为贵人，幼曰训英，为贵嫔，贵嫔尤有宠。丁太后怨恚，与兄子尚书信谋废熙立章武公渊。事觉，熙逼丁太后自杀，葬以后礼，谥曰献幽皇后。十一月，戊辰，杀渊及信。

辛未，熙畋于北原，石城令高和与尚方兵于后作乱，杀司隶校尉张显，入掠宫殿，取库兵，胁营署，闭门乘城。熙驰还，城上人皆投仗开门；尽诛反者，唯和走免。甲戌，大赦。

魏以庾岳为司空。

十二月，辛亥，魏主珪还云中。

柔然可汗社仑闻珪伐秦，自参合陂侵魏，至豺山，及善无北泽，魏常山王遵以万骑追之，不及而还。

太尉玄使御史杜林防卫会稽文孝王道子至安成，林承玄旨，酖道子，杀之。

沮渠蒙逊所署西郡太守梁中庸叛，奔西凉。蒙逊闻之，笑曰：「吾待中庸，恩如骨肉，而中庸不我信，但自负耳，孤岂在此一人邪！」乃尽归其孥。

西凉公暠问中庸曰：「我何如索嗣？」中庸曰：「未可量也。」暠曰：「嗣才度若敌我者，我何能于千里之外以长绳绞其颈邪？」中庸曰：「智有短长，命有成败。殿下之与索嗣，得失之理，臣实未之能详。若以身死为负，计行为胜，则公孙瓒岂贤于刘虞邪？」暠默然。

袁虔之等至长安，秦王兴问曰：「桓玄才略何如其父？卒能成功乎？」虔之曰：「玄乘晋室衰乱，盗据宰衡，猜忌安忍，刑赏不公。以臣观之，不如其父远矣。玄今已执大柄，其势必将篡逆，正可为他人驱除耳。」兴善之，以虔之为广州刺史。

是岁，秦王兴立昭仪张氏为皇后，封子懿、弼、洸、宣、谌、愔、璞、质、逵、裕、国儿皆为公，遣使拜秃发傉檀为车骑将军、广武公，沮渠蒙逊为镇西将军、沙州刺史、西海侯，李暠为安西将军、高昌侯。

秦镇远将军赵曜帅众二万西屯金城，建节将军王松忽帅骑助吕隆守姑臧。松忽至魏安，傉檀弟文真击而虏之。傉檀大怒，送松忽还长安，深自陈谢。

资治通鉴卷第一百一十三

晋纪三十五 起昭阳单阏，尽阏逢执徐，凡二年。

安皇帝戊

元兴二年（癸卯，公元四〇三年）

春，正月，卢循使司马徐道覆寇东阳，二月，辛丑，建武将军刘裕击破之。道覆，循之姊夫也。

乙卯，以太尉玄为大将军。

丁巳，玄杀冀州刺史孙无终。

玄上表请帅诸军扫平关、洛，既而讽朝廷下诏不许，乃云：「奉诏故止。」玄初欲饬装，先命作轻舸，载服玩、书画。或问其故，玄曰：「兵凶战危，脱有意外，当使轻而易运。」众皆笑之。

夏，四月，癸巳朔，日有食之。

南燕主备德故吏赵融自长安来，始得母兄凶问，备德号恸吐血，因而寝疾。

司隶校尉慕容达谋反，遣牙门皇璆帅众攻端门，殿中帅侯赤眉开门应之；中黄门孙进扶备德逾城匿于进舍。段宏等闻宫中有变，勒兵屯四门。备德入宫，诛赤眉等。达出

奔魏。

备德优迁徙之民，使之长复不役；民缘此迭相荫冒，或百室合户，或千丁共籍，以避课役。尚书韩谆请加隐核，备德从之，使谆巡行郡县，得荫户五万八千。

泰山贼王始聚众数万，自称太平皇帝，署置公卿；南燕桂林王镇讨禽之。临刑，或问其父及兄弟安在，始曰：「太上皇蒙尘于外，征东、征西为乱兵所害。」其妻怒之曰：「君正坐此口，奈何尚尔！」始曰：「皇后不知，自古岂有不亡之国！朕则崩矣，终不改号！」

五月，燕王熙作龙腾苑，方十馀里，役徒二万人。筑景云山于苑内，基广五百步，峰高十七丈。

秋，七月，戊子，魏主珪北巡，作离宫于犲山。

平原太守和跋奢豪喜名，珪恶而杀之，使其弟毗等就与诀。跋曰：「灅北土瘠，可迁水南，勉为生计。」且使之背己，曰：「汝何忍视吾之死也！」毗等谕其意，诈称使者，逃入秦。珪怒，灭其家。中垒将军邓渊从弟尚书晖与跋善，或谮诸珪曰：「毗之出亡，晖实送之。」珪疑渊知其谋，赐渊死。

南凉王傉檀及沮渠蒙逊互出兵攻吕隆，隆患之。秦之谋臣言于秦王兴曰：「隆藉先

世之资，专制河外，今虽饥窘，尚能自支，若将来丰赡，终不为吾有。凉州险绝，土田饶沃，不如因其危而取之。」兴乃遣使征吕超入侍。隆念姑臧终无以自存，乃因超请迎于秦。兴遣尚书左仆射齐难、镇西将军姚诘、左贤王乞伏乾归、镇远将军赵曜帅步骑四万迎隆于河西，南凉王傉檀摄昌松、魏安二戍以避之。八月，齐难等至姑臧，隆素车白马迎于道旁。隆劝难击沮渠蒙逊，蒙逊使臧莫孩拒之，败其前军。难乃与蒙逊结盟，蒙逊遣弟挐入贡于秦。难以司马王尚行凉州刺史，配兵三千镇姑臧，以将军阎松为仓松太守，郭将为番禾太守，分戍二城，徙隆宗族、僚属及民万户于长安，兴以隆为散骑常侍，超为安定太守，自余文武随才擢叙。

初，郭黁常言「代吕者王」，故其起兵，先推王详，后推王乞基；及隆东迁，王尚卒代之。黁从乞伏乾归降秦，以为灭秦者晋也，遂来奔，秦人追得，杀之。

沮渠蒙逊伯父中田护军亲信、临松太守孔笃，皆骄恣为民患，蒙逊曰：「乱吾法者，二伯父也。」皆逼之使自杀。

秦遣使者梁构至张掖，蒙逊问曰：「秃发傉檀为公而身为侯，何也？」构曰：「傉檀凶狡，款诚未著，故朝廷以重爵虚名羁縻之。将军忠贯白日，当入赞帝室，岂可以不信相待也！圣朝爵必称功，如尹纬、姚晃，佐命之臣，齐难、徐洛，一时猛将，爵皆不过侯伯，将军何以先之乎！昔窦融殷勤固让，不欲居旧臣之右，不意将军忽有此问！」蒙逊曰：「朝廷何不即封张掖而更远封西海邪？」构曰：「张掖，将军已自有之，所以远授西海者，欲广大将军之国耳。」蒙逊悦，乃受命。

荆州刺史桓伟卒，大将军玄以桓修代之。从事中郎曹靖之说玄曰：「谦、修兄弟专据内外，权势太重。」玄乃以南郡相桓石康为荆州刺史。石康，豁之子也。

刘裕破卢循于永嘉，追至晋安，屡破之，循浮海南走。

何无忌潜诣裕，劝裕于山阴起兵讨桓玄。裕谋于土豪孔靖，靖曰：「山阴去都道远，举事难成；且玄未篡位，不如待其已篡，于京口图之。」裕从之。靖，愉之孙也。

九月，魏主珪如南平城，规度灅南，将建新都。

侍中殷仲文、散骑常侍卞范之劝大将军玄早受禅，阴撰九锡文及册命。以桓谦为侍中、开府、录尚书事，王谧为中书监、领司徒，桓胤为中书令，加桓修抚军大将军。胤，冲之孙也。丙子，册命玄为相国，总百揆，封十郡，为楚王，加九锡，楚国置丞相以下官。

桓谦私问彭城内史刘裕曰：「楚王勋德隆重，朝廷之情，咸谓宜有揖让，卿以为何如？」裕曰：「楚王，宣武之子，勋德盖世。晋室微弱，民望久移，乘运禅代，有何不

可？」谦喜曰：「卿谓之可即可耳。」

新野人庾仄，殷仲堪之党也，闻桓伟死，石康未至，乃起兵袭雍州刺史冯该于襄阳，走之。仄有众七千，设坛，祭七庙，云欲讨桓玄，江陵震动。石康至州，发兵攻襄阳，仄败，奔秦。

高雅之表南燕主备德请伐桓玄曰：「纵未能廓清吴、会，亦可收江北之地。」中书侍郎韩范亦上疏曰：「今晋室衰乱，江、淮南北，户口无几，戎马单弱。重以桓玄悖逆，上下离心；以陛下神武，发步骑一万临之，彼必土崩瓦解，兵不留行矣。得而有之，秦、魏不足敌也。拓地定功，正在今日。失时不取，彼之豪杰诛灭桓玄，更修德政，岂惟建康不可得，江北亦无望矣。」备德曰：「朕以旧邦覆没，欲先定中原，乃平荡荆、扬，故未南征耳。其令公卿议之。」因讲武城西，步卒三十七万人，骑五万三千四，车万七千乘。公卿皆以为玄新得志，未可图，乃止。

冬，十月，楚王玄上表请归藩，使帝作手诏固留之。又诈言钱塘临平湖开，江州甘露降，使百僚集贺，用为己受命之符。又以前世皆有隐士，耻于己时独无，求得西朝隐士安定皇甫谧六世孙希之，给其资用，使隐居山林；征为著作郎，使希之固辞不就，然后下诏旌礼，号曰高士。时人谓之「充隐。」又欲废钱用谷、帛及复肉刑，制作纷纭，志无一定，变更回复，卒无所施行。性复贪鄙，人士有法书、好画及佳园宅，必假蒲博而取之；尤爱珠玉，未尝离手。

乙卯，魏主珪立其子嗣为齐王，加位相国；绍为清河王，加征南大将军；熙为阳平王；曜为河南王。

丁巳，魏将军伊谓帅骑二万袭高车馀种袁纥、乌频；十一月，庚午，大破之。

诏楚王玄行天子礼乐，妃为王后，世子为太子。丁丑，卞范之为禅诏，使临川王宝逼帝书之。宝，晞之曾孙也。庚辰，帝临轩，遣兼太保、领司徒王谧奉玺绶，禅位于楚。壬午，帝出居永安宫。癸未，迁太庙神主于琅邪国，穆章何皇后及琅邪王德文皆徙居司徒府。百官诣姑孰劝进。十二月，庚寅朔，玄筑坛于九井山北，壬辰，即皇帝位。册文多非薄晋室，或谏之，玄曰：「揖让之文，正可陈之于下民耳，岂可欺上帝乎！」大赦，改元永始。以南康之平固县封帝为平固王，降何后为零陵县君，琅邪王德文为石阳县公，武陵王遵为彭泽县侯。追尊父温为宣武皇帝，庙号太祖，南康公主为宣皇后，封子昇为豫章王。以会稽内史王愉为尚书仆射，愉子相国左长史绥为中书令。绥，桓氏之甥也。戊戌，玄入建康宫，登御坐，而床忽陷，群下失色。殷仲文曰：「将由圣德深厚，地不能载。」玄大悦。梁王珍之男臣孔朴奉珍之奔寿阳。珍之，昇之曾孙也。

三年（甲辰，公元四〇四年）

戊申，燕王熙尊燕主垂之贵嫔段氏为皇太后。段氏，熙之慈母也。己酉，立苻贵嫔为皇后，大赦。

辛亥，桓玄迁帝于寻阳。

燕以卫尉悦真为青州刺史，镇新城；光禄大夫卫驹为并州刺史，镇凡城。

癸丑，纳桓温神主于太庙。桓玄临听讼观阅囚徒，罪无轻重，多得原放；有干舆乞者，时或恤之。其好行小惠如此。

是岁，魏主珪始命有司制冠服，以品秩为差。然法度草创，多不稽古。

三年（甲辰，公元四〇四年）

春，正月，桓玄立其妻刘氏为皇后。刘氏，乔之曾孙也。玄以其祖彝以上名位不显，不复追尊立庙。散骑常侍徐广曰：「敬其父则子悦，请依故事立七庙。」玄曰：「礼，太祖东向，左昭右穆。晋立七庙，宣帝不得正东向之位，何足法也！」秘书监卞承之谓广曰：「若宗庙之祭果不及祖，有以知楚德之不长矣。」广，邈之弟也。

玄自即位，心常不自安。二月，己丑朔，夜，涛水入石头，流杀人甚多，欢哗震天。玄闻之，惧，曰：「奴辈作矣！」

玄性苛细，好自矜伐。主者奏事，或一字不体，或片辞之谬，必加纠擿，以示聪明。尚书答诏误书「春蒐」为「春菟」，自左丞王纳之以下，凡所关署，皆被降黜。或手注直官，或自用令史，诏令纷纭，有司奉答不暇，而纪纲不治，奏案停积，不能知也。又性好游畋，或一日数出。迁居东宫，更缮宫室，土木并兴，督迫严促，朝野骚然，思乱者众。

玄遣使加益州刺史毛璩散骑常侍、左将军。璩执留玄使，不受其命。璩，宝之孙也。玄以桓希为梁州刺史，分命诸将戍三巴以备之。璩传檄远近，列玄罪状，遣巴东太守柳约之、建平太守罗述、征虏司马甄季之击破希等，仍帅众进屯白帝。

刘裕从徐、兖二州刺史、安成王桓修入朝。玄谓王谧曰：「裕风骨不常，盖人杰也。」每游集，必引接殷勤，赠赐甚厚。玄后刘氏，有智鉴，谓玄曰：「刘裕龙行虎步，视瞻不凡，恐终不为人下，不如早除之。」玄曰：「我方平荡中原，非裕莫可用者；俟关、河平定，然后别议之耳。」

玄以桓弘为青州刺史，镇广陵；刁逵为豫州刺史，镇历阳。弘，修之弟；逵，彝之子也。

刘裕与何无忌同舟还京口，密谋兴复晋室。刘迈弟毅家于京口，亦与无忌谋讨玄。无忌曰：「桓氏强盛，其可图乎？」毅曰：「天下自有强弱，苟为失道，虽强易弱，正

患事主难得耳。』无忌曰：『天下草泽之中非无英雄也。』毅曰：『所见唯有刘下邳。』无忌笑而不答，还以告裕，遂与毅定谋。

初，太原王元德及弟仲德为苻氏起兵攻燕主垂，不克，来奔，朝廷以元德为弘农太守。仲德见桓玄称帝，谓人曰：『自古革命诚非一族，然今之起者恐不足以成大事。』

平昌孟昶为青州主簿，桓弘使昶至建康，玄见而悦之，谓刘迈曰：『素士中得一尚书郎，卿与其州里，宁相识否？』迈素与昶不善，对曰：『臣在京口，不闻昶有异能，唯闻父子纷纷更相赠诗耳。』玄笑而止。昶闻而恨之，既还京口，裕谓昶曰：『草间当有英雄起，卿颇闻乎？』昶曰：『今日英雄有谁，正当是卿耳！』

于是裕、毅、无忌、元德、仲德、昶及裕弟道规、任城魏咏之、高平檀凭之、琅邪诸葛长民、河内太守陇西辛扈兴、振威将军东莞童厚之，相与合谋起兵。道规为桓弘中兵参军，裕使毅就道规及昶于江北，共杀弘，据广陵；长民为刁逵参军，使长民杀逵，据历阳；元德、扈兴、厚之在建康，使之聚众攻玄为内应；刻期齐发。

孟昶妻周氏富于财，昶谓之曰：『刘迈毁我于桓公，使我一生沦陷，我决当作贼。卿幸早离绝，脱得富贵，相迎不晚也。』周氏曰：『君父母在堂，欲建非常之谋，岂妇人所能谏！事之不成，当于奚官中奉养大家，义无归志也。』昶怅然久之而起。周氏追

昶坐，曰：『观君举措，非谋及妇人者，不过欲得财物耳。』因指怀中儿示之曰：『此儿可卖，亦当不惜。』遂倾赀以给之。昶弟觊妻，周氏之从妹也，周氏绐之曰：『昨夜梦殊不祥，门内绛色物宜悉取以为厌胜。』妹信而与之，遂尽缝以为军士袍。

何无忌夜于屏风里草檄文，其母，刘牢之姊也，登橙密窥之，泣曰：『吾不及东海吕母明矣。汝能如此，吾复何恨！』问所与同谋者，曰：『刘裕。』母尤喜，因为言玄必败，举事必成之理以劝之。

乙卯，裕托以游猎，与无忌收合徒众，得百馀人。丙辰，诘旦，京口城开，无忌著传诏服，称敕使，居前，徒众随之齐入，即斩桓修以徇。修司马刁弘帅文武佐吏来赴，裕登城谓之曰：『郭江州已奉乘舆返正于寻阳，我等并被密诏，诛除逆党，今日贼玄之首已当枭于大航矣。诸君非大晋之臣乎？今来欲何为？』弘等信之，收众而退。

裕问无忌曰：『今急须一府主簿，何由得之？』无忌曰：『无过刘道民。』道民者，东莞刘穆之也。裕曰：『吾亦识之。』即驰信召焉。时穆之闻京口欢噪声，晨起，出陌头，属与信会。穆之直视不言者久之，既而返室，坏布裳为袴，往见裕。裕曰：『始举大义，方造艰难，须一军吏甚急，卿谓谁堪其选？』穆之曰：『贵府始建，军吏实须其才，仓猝之际，略当无见逾者。』裕笑曰：『卿能自屈，吾事济矣。』即于坐署主簿。

[illegible]

孟昶劝桓弘其日出猎，天未明，开门出猎人；昶与刘毅、刘道规帅壮士数十人直入，弘方啖粥，即斩之。因收众济江。裕使毅诛刁弘。

先是，裕遣同谋周安穆入建康报刘迈，迈虽酬许，意甚惶惧。安穆虑事泄，乃驰归。玄以迈为竟陵太守，迈欲亟之郡。是夜，玄与迈书曰：『北府人情云何？卿近见刘裕何所道？』迈谓玄已知其谋，晨起，白之。玄大惊，封迈为重安侯。既而嫌迈不执安穆，使得逃去，乃杀之，悉诛元德、扈兴、厚之等。

众推刘裕为盟主，总督徐州事，以孟昶为长史，守京口，檀凭之为司马。彭城人应募者，裕悉使郡主簿刘钟统之。丁巳，裕帅二州之众千七百人，军于竹里，移檄远近，声言益州刺史毛璩已定荆楚，江州刺史郭昶之奉迎主上返正于寻阳，镇北参军王元德等并帅部曲保据石头，扬武将军诸葛长民已据历阳。

玄移还上宫，召侍官皆入止省中；加扬州刺史新野王桓谦征讨都督，以殷仲文代桓修为徐、兖二州刺史。谦等请亟遣兵击裕，玄曰：『彼兵锐甚，计出万死，若有蹉跌，则彼气成而吾事去矣；不如屯大众于覆舟山以待之。彼空行二百里，无所得，锐气已挫，忽见大军，必惊愕；我按兵坚阵，勿与交锋，彼求战不得，自然散走，此策之上也。』谦等固请击之，乃遣顿丘太守吴甫之、右卫将军皇甫敷相继北上。

玄忧惧特甚。或曰：『裕等乌合微弱，势必无成，陛下何虑之深！』玄曰：『刘裕足为一世之雄，刘毅家无担石之储，樗蒲一掷百万，何无忌酷似其舅；共举大事，何谓无成！』

南凉王傉檀畏秦之强，乃去年号，罢尚书丞郎官，遣参军关尚使于秦。秦王兴曰：『车骑献款称藩，而擅兴兵造大城，岂为臣之道乎？』尚曰：『王公设险以守其国，先王之制也。车骑僻在遐藩，密迩勍寇，盖为国家重门之防，不图陛下忽以为嫌。』兴善之。傉檀求领凉州，兴不许。

初，袁真杀朱宪，宪弟绰逃奔桓温。温克寿阳，绰辄发真棺，戮其尸。温怒，将杀之，桓冲请而免之。绰事冲如父，冲薨，绰呕血而卒。刘裕克京口，以绰子龄石为建武参军。三月，戊午朔，裕军与吴甫之遇于江乘。将战，龄石言于裕曰：『龄石世受桓氏厚恩，不欲以兵刃相向，乞在军后。』裕义而许之。甫之，玄骁将也，其兵甚锐。裕手执长刀，大呼以冲之，众皆披靡，即斩甫之，进至罗落桥。皇甫敷帅数千人逆战，宁远将军檀凭之败死。裕进战弥厉，敷围之数重，裕倚大树挺战。敷曰：『汝欲作何死！』拔戟将刺之，裕瞋目叱之，敷辟易。裕党俄至，射敷中额而踣，裕援刀直进。敷曰：『君有天命，以子孙为托。』裕斩之，厚抚其孤。裕以檀凭之所领兵配参军檀祗。祗，凭

[illegible]

之之从子也。

玄闻二将死，大惧，召诸道术人推算及为厌胜。问群臣曰：「朕其败乎？」吏部郎曹靖之对曰：「民怨神怒，臣实惧焉。」玄曰：「民或可怨，神何为怒？」对曰：「晋氏宗庙，飘泊江滨，大楚之祭，上不及祖，此其所以怒也。」玄曰：「卿何不谏？」对曰：「辇上君子皆以为尧、舜之世，臣何敢言！」玄默然。使桓谦及游击将军何澹之屯东陵，侍中、后将军卞范之屯覆舟山西，众合二万。

己未，裕军食毕，悉弃其馀粮，进至覆舟山东，使羸弱登山，张旗帜为疑兵，数道并前，布满山谷。玄侦候者还，云「裕军四塞，不知多少。」玄益忧恐，遣武卫将军庾赜之帅精卒副援诸军。谦等士卒多北府人，素畏伏裕，莫有斗志。裕与刘毅等分为数队，进突谦陈；裕以身先之，将士皆殊死战，无不一当百，呼声动天地。时东北风急，因纵火焚之，烟炎熛天，鼓噪之音震动京邑，谦等诸军大溃。

玄时虽遣军拒裕，而走意已决，潜使领军将军殷仲文具舟于石头；闻谦等败，帅亲信数千人，声言赴战，遂将其子昇，兄子浚出南掖门。遇前相国参军胡藩，执马鞚谏曰：「今羽林射手犹有八百，皆是义故，西人受累世之恩，不驱令一战，一旦舍此，欲安之乎！」玄不对，但举策指天，因鞭马而走，西趋石头，与仲文等浮江南走。经日不

食，左右进粗饭，玄咽不能下，昇抱其胸而抚之，玄悲不自胜。

裕入建康，王仲德抱元德子方回出候裕，裕于马上抱方回与仲德对哭。追赠元德给事中，以仲德为中兵参军。裕止桓谦故营，遣刘钟据东府。庚申，裕屯石头城，立留台百官，焚桓温神主于宣阳门外，造晋新主，纳于太庙。遣诸将追玄，尚书王嘏帅百官奉迎乘舆，诛玄宗族在建康者。裕使臧熹入宫，收图书、器物，封闭府库；有金饰乐器，裕问熹：「卿得无欲此乎？」熹正色曰：「皇上幽逼，播越非所，将军首建大义，劬劳王家，虽复不肖，实无情于乐。」裕笑曰：「聊以戏卿耳。」熹，焘之弟也。

壬戌，玄司徒王谧与众议推裕领扬州，裕固辞，乃以谧为侍中、领司徒、扬州刺史、录尚书事，谧推裕为使持节、都督扬、徐、兖、豫、青、冀、幽、并八州诸军事、徐州刺史，刘毅为青州刺史，何无忌为琅邪内史，孟昶为丹阳尹，刘道规为义昌太守。

裕始至建康，诸大处分皆委于刘穆之，仓猝立定，无不允惬。裕遂托以腹心，动止咨焉；穆之亦竭节尽诚，无所遗隐。时晋政宽弛，纲纪不立，豪族陵纵，小民穷蹙，重以司马元显政令违舛。桓玄虽欲厘整，而科条繁密，众莫之从。穆之斟酌时宜，随方矫正；裕以身范物，先以威禁；内外百官皆肃然奉职，不盈旬日，风俗顿改。

初，诸葛长民至豫州，失期，不得发。刁逵执长民，槛车送桓玄。至当利而玄败，

送人共破槛出长民，还趣历阳。逵弃城走，为其下所执，斩于石头，子侄无少长皆死，唯赦其季弟给事中骋。逵故吏匿其弟子雍送洛阳，秦王兴以为太子中庶子。裕以魏咏之为豫州刺史，镇历阳，诸葛长民为宣城内史。

初，裕名微位薄，轻狡无行，盛流皆不与相知，惟王谧独奇贵之，谓裕曰：『卿当为一代英雄。』裕尝与刁逵樗蒲，不时输直，逵缚之马枊。谧见之，责逵而释之，代之还直。由是裕深憾逵而德谧。

萧方等曰：夫蛟龙潜伏，鱼虾亵之。是以汉高赦雍齿，魏武免梁鹄，安可以布衣之嫌而成万乘之隙也！今王谧为公，刁逵亡族，酬恩报怨，何其狭哉！

尚书左仆射王愉及子荆州刺史绥谋袭裕，事泄，族诛。绥弟子慧龙为僧彬所匿，得免。

魏以中土萧条，诏县户不满百者罢之。

丁卯，刘裕迁镇东府。

桓玄至寻阳，郭昶之给其器用、兵力。辛未，玄逼帝西上，刘毅帅何无忌、刘道规等诸军追之。玄留龙骧将军何澹之、前将军郭铨与郭昶之守湓口。玄于道自作《起居注》，叙讨刘裕事，自谓经略举无遗策，诸军违节度，以致奔败。专覃思著述，不暇与群下议时事。《起居注》既成，宣示远近。

丙戌，刘裕称受帝密诏，以武陵王遵承制总百官行事，加侍中、大将军，因大赦，惟桓玄一族不宥。

刘敬宣、高雅之结青州大姓及鲜卑豪帅，谋杀南燕主备德，推司马休之为主。备德以刘轨为司空，甚宠信之。雅之欲邀轨同谋，敬宣曰：『刘公衰老，有安齐之志，不可告也。』雅之卒告之。轨不从。谋颇泄，敬宣等南走，南燕人收轨，杀之，追及雅之，又杀之。敬宣、休之至淮、泗间，闻桓玄败，遂来归，刘裕以敬宣为晋陵太守。

南燕主备德闻桓玄败，命北地王钟等将兵欲取江南，会备德有疾而止。

夏，四月，己丑，武陵王遵入居东宫，内外毕敬；迁除百官称制书，教称令书。以司马休之监荆、益、梁、宁、秦、雍六州诸军事、领荆州刺史。

庚寅，桓玄挟帝至江陵，桓石康纳之。玄更署置百官，以卞范之为尚书仆射。自以奔败之后，恐威令不行，乃更增峻刑罚，众益离怨。殷仲文谏，玄怒曰：『今以诸将失律，天文不利，故还都旧楚；而群小纷纷，妄兴异议！方当纠之以猛，未可施之以宽也。』荆、江诸郡闻玄播越，有上表奔问起居者，玄皆不受，更令所在贺迁新都。

初，王谧为玄佐命元臣，玄之受禅，谧手解帝玺绶；及玄败，众谓谧宜诛，刘裕特

資治通鑑 卷第一百四十三 九

保全之。刘毅尝因朝会，问谥玺绶所在。谥内不自安，逃奔曲阿。裕笺白武陵王，迎还复位。

桓玄兄子歆引氐帅杨秋寇历阳，魏咏之帅诸葛长民、刘敬宣、刘钟共击破之，斩杨秋于练固。

玄使武卫将军庾稚祖、江夏太守桓道恭帅数千人就何澹之等共守湓口。何无忌、刘道规至桑落洲，庚戌，澹之等引舟师逆战。澹之常所乘舫羽仪旗帜甚盛，无忌曰：『贼帅必不居此，欲诈我耳，宜亟攻之。』众曰：『澹之不在其中，得之无益。』无忌曰：『今众寡不敌，战无全胜，澹之既不居此舫，战士必弱，我以劲兵攻之，必得之；得之，则彼势沮而我气倍，因而薄之，破贼必矣。』道规曰：『善！』遂往攻而得之，因传呼曰：『已得何澹之矣』。澹之军中惊扰。无忌之众亦以为然，乘胜进攻澹之等，大破之。无忌等克湓口，进据寻阳，遣使奉送宗庙主祏还京师。加刘裕都督江州诸军事。

桑落之战，胡藩所乘舰为官军所烧，藩全铠入水，潜行三十许步，乃得登岸。时江陵路已绝，乃还豫章。刘裕素闻藩为人忠直，引参领军军事。

桓玄收集荆州兵，曾未三旬，有众二万，楼船、器械甚盛。甲寅，玄复帅诸军挟帝东下，以苻宏领梁州刺史，为前锋；又使散骑常侍徐放先行，说刘裕等曰：『若能旋军散甲，当与之更始，各授位任，令不失分。』

刘裕以诸葛长民都督淮北诸军事，镇山阳；以刘敬宣为江州刺史。

柔然可汗社仑从弟悦代大那谋杀社仑，不克，奔魏。

燕王熙于龙腾苑起逍遥宫，连房数百，凿曲光海，盛夏，士卒不得休息，暍死者大半。

西凉世子谭卒。

刘毅、何无忌、刘道规、下邳太守平昌孟怀玉帅众自寻阳西上，五月，癸酉，与桓玄遇于峥嵘洲。毅等兵不满万人，而玄战士数万，众惮之，欲退还寻阳。道规曰：『不可！彼众我寡，强弱异势，今若畏懦不进，必为所乘，虽至寻阳，岂能自固！玄虽窃名雄豪，内实恇怯；加之已经奔败，众无固心。决机两阵，将雄者克，不在众也。』因麾众先进，毅等从之。玄常漾舸于舫侧以备败走，由是众莫有斗心。毅等乘风纵火，尽锐争先，玄众大溃，烧辎重夜遁。郭铨诣毅降。玄故将刘统、冯稚等聚党四百人袭破寻阳城。毅遣建威将军刘怀肃讨平之。怀肃，怀敬之弟也。

玄挟帝单舸西走，留永安何皇后及王皇后于巴陵。殷仲文时在玄舰，求出别船收集散卒，因叛玄，奉二后奔夏口，遂还建康。

己卯，玄与帝入江陵。冯该劝使更下战，玄不从，欲奔汉中就桓希，而人情乖沮，号令不行。庚辰，夜中，处分欲发，城内已乱，乃与亲近腹心百馀人乘马出城西走。至城门，左右于暗中斫玄，不中，其徒更相杀害，前后交横。玄仅得至船，左右分散，惟卞范之在侧。

辛巳，荆州别驾王康产奉帝入南郡府舍，太守王腾之帅文武为侍卫。

玄将之汉中，屯骑校尉毛修之，璩之弟子也，诱玄入蜀，玄从之。宁州刺史毛璠，璩之弟也，卒于官。璩使其兄孙祐之及参军费恬帅数百人，送璠丧归江陵。壬午，遇玄于枚回洲。祐之、恬迎击玄，矢下如雨。玄嬖人丁仙期、万盖等以身蔽玄，皆死。益州督护汉嘉冯迁抽刀，前欲击玄，玄拔头上玉导与之，曰：『汝何人，敢杀天子！』迁曰：『我杀天子之贼耳！』遂斩之，又斩桓石康、桓浚、庾颐之，执桓昇送江陵，斩于市。乘舆返正于江陵。以毛修之为骁骑将军。甲申，大赦，诸以畏逼从逆者一无所问。戊寅，奉神主于太庙。刘毅等传送玄首，枭于大桁。

毅等既战胜，以为大事已定，不急追蹑，又遇风，船未能进，玄死几一旬，诸军犹未至。时桓谦匿于沮中，扬武将军桓振匿于华容浦，玄故将王稚徽戍巴陵，遣人报振云：『桓歆已克京邑，冯稚复克寻阳，刘毅诸军并中路败退。』振大喜，聚党得二百人，袭江陵，桓谦亦聚众应之。闰月，己丑，复陷江陵，杀王康产、王腾之。振见帝于行官，跃马奋戈，直至阶下，问桓昇所在。闻其已死，瞋目谓帝曰：『臣门户何负国家，而屠灭若是！』琅邪王德文下床谓曰：『此岂我兄弟意邪！』振欲杀帝，谦苦禁之，乃下马，敛容致拜而出。壬辰，振为玄举哀，立丧庭，谥曰武悼皇帝。

癸巳，谦等帅群臣奉玺绶于帝曰：『主上法尧禅舜，今楚祚不终，百姓之心复归于晋矣。』以琅邪王德文领徐州刺史，振为都督八郡诸军事、荆州刺史，谦复为侍中、卫将军，加江、豫二州刺史，帝侍御左右，皆振心腹也。

振少薄行，玄不以子妷齿之。至是，叹曰：『公昔不早用我，遂致此败。若使公在，我为前锋，天下不足定也。今独作此，安归乎？』遂纵意酒色，肆行诛杀。谦劝振引兵下战，己守江陵，振素轻谦，不从其言。

刘毅至巴陵，诛王稚徽。何无忌、刘道规进攻桓谦于马头，桓蔚于龙泉，皆破之。蔚，秘之子也。

无忌欲乘胜直趣江陵，道规曰：『兵法屈申有时，不可苟进。诸桓世居西楚，群下皆为竭力；振勇冠三军，难与争锋。且可息兵养锐，徐以计策縻之，不忧不克。』无忌不从。振逆战于灵溪，冯该以兵会之，无忌等大败，死者千馀人。退还寻阳，与刘毅等

上笺请罪。刘裕以毅节度诸军，免其青州刺史。桓振以桓蔚为雍州刺史，镇襄阳。

柳约之、罗述、甄季之闻桓玄死，自白帝进军，至枝江，闻何无忌等败于灵溪，亦引兵退，俄而述、季之皆病，约之诣桓振伪降，欲谋袭振，事泄，振杀之。约之司马时延祖、涪陵太守文处茂收其馀众，保涪陵。

六月，毛璩遣将攻汉中，斩桓希，璩自领梁州。

秋，七月，戊申，永安皇后何氏崩。

燕苻昭仪有疾，龙城人王荣自言能疗之。昭仪卒，燕王熙立荣于公车门，支解而焚之。

八月，癸酉，葬穆章皇后于永平陵。

魏置六谒官，准古六卿。

九月，刁骋谋反，伏诛，刁氏遂亡。刁氏素富，奴客纵横，专固山泽，为京口之患。刘裕散其资蓄，令民称力而取之，弥日不尽。时州郡饥弊，民赖之以济。

乞伏乾归及杨盛战于竹岭，为盛所败。

西凉公暠立子歆为世子。

魏主珪临昭阳殿改补百官，引朝臣文武，亲加铨择，随才授任。列爵四等：王封大

郡，公封小郡，侯封大县，伯封小县。其品第一至第四，旧臣有功无爵者追封之，宗室疏远及异姓袭封者降爵有差。又置散官五等，其品第五至第九；文官造士才能秀异、武官堪为将帅者，其品亦比第五至第九；百官有阙，则取于其中以补之。其官名多不用汉、魏之旧，仿上古龙官、鸟官，谓诸曹之使为凫鸭，取其飞之迅疾也；谓侯官伺察者为白鹭，取其延颈远望也；馀皆类此。

卢循寇南海，攻番禺。广州刺史濮阳吴隐之拒守百馀日。冬，十月，壬戌，循夜袭城而陷之，烧府舍、民室俱尽，执吴隐之。循自称平南将军，摄广州事。聚烧骨为共冢，葬于洲上，得髑髅三万馀枚。又使徐道覆攻始兴，执始兴相阮腆之。

刘裕领青州刺史。刘敬宣在寻阳，聚粮缮船，未尝无备，故何无忌等虽败退，赖以复振。桓玄兄子亮自称江州刺史，寇豫章，敬宣击破之。

刘毅、何无忌、刘道规复自寻阳西上，至夏口。桓振遣镇东将军冯该守东岸，扬武将军孟山图据鲁山城，辅国将军桓仙客守偃月垒，众合万人，水陆相援。毅攻鲁山城，道规攻偃月垒，无忌遏中流，自辰至午，二城俱溃，生禽山图、仙客，该走石城。

辛巳，魏大赦，改元天赐。筑西宫。十一月，魏主珪如西宫，命宗室置宗师，八国置大师、小师，州郡亦各置师，以辨宗党，举才行，如魏、晋中正之职。

燕王熙与苻后游畋，北登白鹿山，东逾青岭，南临沧海而还，士卒为虎狼所杀及冻死者五千馀人。

十二月，刘毅等进克巴陵。毅号令严整，所过百姓安悦。刘裕复以毅为兖州刺史。

桓振以桓放之为益州刺史，屯西陵；文处茂击破之，放之走还江陵。

高句丽侵燕。

戊辰，魏主珪如豺山宫。

是岁，晋民避乱，襁负之淮北者道路相属。

资治通鉴卷第一百一十四

晋纪三十六 起旃蒙大荒落，尽著雍涒滩，凡四年。

安皇帝己

义熙元年（乙巳，公元四〇五年）

春，正月，南阳太守扶风鲁宗之起兵袭襄阳，桓蔚走江陵。己丑，刘毅等诸军至马头。桓振挟帝出屯江津，遣使求割江、荆二州，奉送天子；毅等不许。辛卯，宗之击破振将温楷于柞溪，进屯纪南。振留桓谦、冯该守江陵，引兵与宗之战，大破之。刘毅等击破冯该于豫章口，桓谦弃城走。毅等入江陵，执卞范之等，斩之。桓振还，望见火起，知城已陷，其众皆溃，振逃于涢川。

乙未，诏大处分悉委冠军将军刘毅。

戊戌，大赦，改元，惟桓氏不原；以桓冲忠于王室，特宥其孙胤。以鲁宗之为雍州刺史，毛璩为征西将军、都督益、梁、秦、凉、宁五州诸军事，璩弟瑾为梁、秦二州刺史，瑗为宁州刺史。刘怀肃追斩冯该于石城，桓谦、桓怡、桓蔚、桓谧、何澹之、温楷皆奔秦。怡，弘之弟也。

燕王熙伐高句丽。戊申，攻辽东。城且陷，熙命将士：“毋得先登，俟铲平其城，朕与皇后乘辇而入。”由是城中得严备，卒不克而还。

秦王兴以鸠摩罗什为国师，奉之如神，亲帅群臣及沙门听罗什讲佛经，又命罗什翻译西域《经》、《论》三百馀卷，大营塔寺，沙门坐禅者常以千数。公卿以下皆奉佛，由是州郡化之，事佛者十室而九。

乞伏乾归击吐谷浑大孩，大破之，俘万馀口而还。大孩走死胡国。视罴世子树洛干帅其馀众数千家奔莫何川，自称车骑大将军、大单于、吐谷浑王。树洛干轻徭薄赋，信赏必罚，吐谷浑复兴，沙、漒诸戎皆附之。

西凉公暠自称大将军、大都督、领秦、凉二州牧，大赦，改元建初，遣舍人黄始梁兴间行奉表诣建康。

二月，丁巳，留台备法驾迎帝于江陵，刘毅、刘道规留屯夏口，何无忌奉帝东还。

初，毛璩闻桓振陷江陵，帅众三万顺流东下，将讨之，使其弟西夷校尉瑾、蜀郡太守瑗出外水，参军巴西谯纵、侯晖出涪水。蜀人不乐远征，晖至五城水口，与巴西阳昧谋作乱。纵为人和谨，蜀人爱之，晖、昧共逼纵为主，纵不可，走投于水；引出，以兵逼纵登舆，纵又投地，叩头固辞，晖缚纵于舆。还，袭毛瑾于涪城，杀之，推纵为梁、秦二州刺史。璩至略城，闻变，奔还成都，遣参军王琼将兵讨之，为纵弟明子所败，死

者什八九。益州营户李腾开城纳纵兵，杀璩及弟瑗，灭其家。纵称成都王，以从弟洪为益州刺史，以明子为巴州刺史屯白帝。于是蜀大乱，汉中空虚，氐王杨盛遣其兄子平南将军抚据之。

癸亥，魏主珪还自豺山，罢尚书三十六曹。

三月，桓振自郧城袭江陵，荆州刺史司马休之战败，奔襄阳，振自称荆州刺史。建威将军刘怀肃自云杜引兵驰赴，与振战于沙桥；刘毅遣广武将军唐兴助之，临陈斩振，复取江陵。

甲午，帝至建康。乙未，百官诣阙请罪，诏令复职。

尚书殷仲文以朝廷音乐未备，言于刘裕，请治之。裕曰：『今日不暇给，且性所不解。』仲文曰：『好之自解。』裕曰：『正以解则好之，故不习耳。』

庚子，以琅邪王德文为大司马，武陵王遵为太保，刘裕为侍中、车骑将军、都督中外诸军事，徐、青二州刺史如故，刘毅为左将军，何无忌为右将军、督豫州、扬州五郡军事、豫州刺史，刘道规为辅国将军、督淮北诸军事、并州刺史，魏咏之为征虏将军、吴国内史。裕固让不受，加录尚书事，又不受，屡请归藩，诏百官敦劝，帝亲幸其第。裕惶惧，复诣阙陈请，乃听归藩。以魏咏之为荆州刺史，代司马休之。

初，刘毅尝为刘敬宣宁朔参军，时人或以雄杰许之。敬宣曰：『夫非常之才自有调度，岂得便谓此君为人豪邪！此君之性，外宽而内忌，自伐而尚人，若一旦遭遇，亦当以陵上取祸耳。』毅闻而恨之。及敬宣为江州，辞以无功，不宜授任先于毅等，裕不许。毅使人言于裕曰：『刘敬宣不豫建义。猛将劳臣，方须叙报；如敬宣之比，宜令在后。若使君不忘平生，正可为员外常侍耳。闻已授郡，实为过优；寻复为江州，尤为骇惋。』敬宣愈不自安，自表解职；乃召还为宣城内史。

夏，四月，刘裕旋镇京口，改授都督荆、司等十六州诸军事，加领兖州刺史。

卢循遣使贡献。时朝廷新定，未暇征讨；壬申，以循为广州刺史，徐道覆为始兴相。循遗刘裕益智粽，裕报以续命汤。循以前琅邪内史王诞为平南长史。诞说循曰：『诞本非戎旅，在此无用；素为刘镇军所厚，若得北归，必蒙寄任，公私际会，仰答厚恩。』循甚然之。刘裕与循书，令遣吴隐之还，循不从。诞复说循曰：『将军今留吴公，公私非计。孙伯符岂不欲留华子鱼邪？但以一境不容二君耳。』于是循遣隐之与诞俱还。

初，南燕主备德仕秦为张掖太守，其兄纳与母公孙氏居于张掖。备德之从秦王坚寇淮南也，留金刀与其母别。备德与燕王垂举兵于山东，张掖太守苻昌收纳及备德诸子，皆诛之，公孙氏以老获免，纳妻段氏方娠，未决。狱掾呼延平，备德之故吏也，窃以公

孙氏及段氏逃于羌中。段氏生子超，十岁而孙氏病，临卒，以金刀授超曰：「汝得东归，当以此刀还汝叔也。」呼延平又以超母子奔凉。及吕隆降秦，超随凉州民徙长安。平卒，段氏为超娶其女为妇。

超恐为秦人所录，乃阳狂行乞；秦人贱之，惟东平公绍见而异之，言于秦王兴曰：「慕容超姿干瑰伟，殆非真狂，愿微加官爵以縻之。」兴召见，与语，超故为谬对，或问而不答。兴谓绍曰：「谚云『妍皮不裹痴骨』，徒妄语耳。」乃罢遣之。

备德闻纳有遗腹子在秦，遣济阴人吴辩往视之。辩因乡人宗正谦卖卜在长安，以告超。超不敢告其母妻，潜与谦变换姓名逃归南燕。行至梁父，镇南长史悦寿以告兖州刺史慕容法。法曰：「昔汉有卜者诈称卫太子，今安知非此类也！」不礼之。超由是与法有隙。

备德闻超至，大喜，遣骑三百迎之。超至广固，以金刀献于备德。备德恸哭，悲不自胜。封超为北海王，拜侍中、骠骑大将军、司隶校尉，开府，妙选时贤，为之僚佐。备德无子，欲以超为嗣。超入则侍奉尽欢，出则倾身下士，由是内外誉望翕然归之。

五月，桂阳太守章武王秀及益州刺史司马轨之谋反，伏诛。秀妻，桓振之妹也，故自疑而反。

桓玄馀党桓亮、苻宏等拥众寇乱郡县者以十数，刘毅、刘道规、檀祗等分兵讨灭之，荆、湘、江、豫皆平。诏以毅为都督淮南等五郡军事、豫州刺史，何无忌为都督江东五郡军事、会稽内史。

北青州刺史刘该反，引魏为援，清河、阳平二郡太守孙全聚众应之。六月，魏豫州刺史索度真、大将斛斯兰寇徐州，围彭城。刘裕遣其弟南彭城内史道怜、东海太守孟龙符将兵救之，斩该及全，魏兵败走。龙符，怀玉之弟也。

秦陇西公硕德伐仇池，屡破杨盛兵；将军敛俱攻汉中，拔成固，徙流民三千馀家于关中。秋，七月，杨盛请降于秦。秦以盛为都督益、宁二州诸军事、征南大将军、益州牧。

刘裕遣使求和于秦，且求南乡等诸郡，秦王兴许之。群臣咸以为不可，兴曰：「天下之善一也。刘裕拔起细微，能诛讨桓玄，兴复晋室，内釐庶政，外修封疆，吾何惜数郡，不以成其美乎！」遂割南乡、顺阳、新野、舞阴等十二郡归于晋。

八月，燕辽西太守邵颜有罪，亡命为盗；九月，中常侍郭仲讨斩之。

汝水竭，南燕主备德恶之，俄而寝疾。北海王超请祷之，备德曰：「人主之命，短长在天，非汝水所能制也。」固请，不许。

戊午，備德引見羣臣于東陽殿，議立超為太子。俄而地震，百官驚恐，備德亦不自安，還宮。是夕，疾篤，瞑不能言。段后大呼曰：「今召中書作詔立超，可乎？」備德開目頷之。乃立超為皇太子，大赦。備德卒，年七十。乃夜為十餘棺，分出四門，潛葬山谷。己未，超即皇帝位，大赦，改元太上。尊段后為皇太后。以北海王鍾都督中外諸軍、錄尚書事，慕容法為征南大將軍、都督徐、兗、揚、南兗四州諸軍事，慕容鎮開府儀同三司，以尚書令封孚為太尉，鞠仲為司空，封嵩為尚書左僕射。癸亥，虛葬備德于東陽陵，諡曰獻武皇帝，廟號世宗。

　　南燕主超以公孫五樓為[illegible]。備德故大臣北海王鍾、段宏等皆不自安，求補外職。超以鍾為青州牧，段宏為徐州刺史。公孫五樓為武衛將軍，領屯騎校尉，內參政事。封孚諫曰：「臣聞親不處外，羈不處內。鍾，國之宗臣，社稷所賴；宏，外戚懿望，百姓具瞻；正應參翼百揆，不宜遠鎮方外。今鍾等出藩，五樓內輔，臣竊未安。」超不從。鍾、宏心皆不平，相謂曰：「黃犬之皮，恐終補狐裘也。」五樓聞而恨之。

　　[illegible]宿衛[illegible]法不奔喪，超遣使讓之。[illegible]

　　西涼公暠與長史張邈謀徙都酒泉，以逼沮渠蒙遜。以宋繇為右將軍，領敦煌護軍，與其子敦煌太守讓鎮敦煌，遂遷于酒泉。

　　暠手令戒諸子，以為：「從政者當審慎賞罰，勿任愛憎，近忠正，遠佞諛，勿使左右竊弄威福。毀譽之來，當研覈真偽。聽訟折獄，必和顏任理，慎勿逆詐億必，輕加聲色。務廣咨詢，勿自專用。吾蒞事五年，雖未能息民，然含垢匿瑕，朝為寇讎，夕委心腹，粗無負於新舊；事任公平，坦然無類，初不容懷，有所損益。計近則如不足，經遠乃為有餘，庶亦無愧前人也。」

　　十二月，燕王熙襲契丹。

二年（丙午，公元四〇六年）

　　春，正月，甲申，魏主珪如豺山宮。諸州置三刺史，郡置三太守，縣置三令、長，刺史、令、長各之州、縣，太守雖置而未臨民，功臣為州者皆徵還京師，以爵歸第。

　　益州刺史司馬榮期擊譙明子於白帝，破之。

　　燕王熙至陘北，畏契丹之眾，欲還，苻后不聽；戊申，遂棄輜重，輕兵襲高句麗。

　　南燕主超猜虐日甚，政出權倖，盤于遊畋，封孚、韓諱屢諫，不聽。超嘗臨軒問孚曰：「朕可方前世何主？」對曰：「桀、紂。」超慚怒。孚徐步而出，不為改容。鞠仲谓孚曰：『与天子言，何得如是！宜还谢。』孚曰：『行年七十，惟求死所耳！』竟不谢。超以其时望，优容之。

桓玄之乱，河间王昙之子国璠、叔璠奔南燕。二月，甲戌，国璠等攻陷弋阳。

燕军行三千余里，士马疲冻，死者属路，攻高句丽木底城，不克而还。夕阳公云伤于矢，且畏燕王熙之虐，遂以疾去官。

三月，庚子，魏主珪还平城。夏，四月，庚申，复如豺山宫。甲午，还平城。

柔然社仑侵魏边。

五月，燕主宝之子博陵公虔、上党公昭，皆以嫌疑赐死。

六月，秦陇西公硕德自上邽入朝，秦王兴为之大赦；及归，送之至雍乃还。兴事晋公绪及硕德皆如家人礼，车马、服玩，先奉二叔，而自服其次，国家大政，皆咨而后行。

秃发傉檀伐沮渠蒙逊，蒙逊婴城固守。傉檀至赤泉而还，献马三千匹、羊三万口于秦。秦王兴以为忠，以傉檀为都督河右诸军事、车骑大将军、凉州刺史，镇姑臧，征王尚还长安。凉州人申屠英等遣王簿胡威诣长安请留尚，兴弗许。威见兴，流涕言曰：『臣州奉戴王化，于兹五年，王宇僻远，威灵不接，士民尝胆拉血，共守孤城；仰恃陛

资治通鉴

卷第一百一十四

五

下圣德，俯杖良牧仁政，克自保全，以至今日。陛下奈何乃以臣等贸马三千匹、羊三万口；贱人贵畜，无乃不可！若军国须马，直烦尚书一符，臣州三千余户，各输一马，朝下夕办，何难之有！昔汉武倾天下之资力，开拓河西，以断匈奴右臂。今陛下无故弃五郡之地忠良华族，以资暴虏，岂惟臣州士民坠于涂炭，恐方为圣朝旰食之忧。』兴悔之，使西平人车普驰止王尚，又遣使谕傉檀。会傉檀已帅步骑三万军于五涧，普先以状告之，傉檀遽逼遣王尚；尚出自清阳门，傉檀入自凉风门。

别驾宗敞送尚还长安，傉檀谓敞曰：『吾得凉州三千余家，情之所寄，唯卿一人，奈何舍我去乎！』敞曰：『今送旧君，所以忠于殿下也。』傉檀曰：『吾新牧贵州，怀远安迩之略如何？』敞曰：『凉土虽弊，形胜之地。殿下惠抚其民，收其贤俊以建功名，其何求不获！』因荐本州文武名士十余人，傉檀嘉纳之。王尚至长安，兴以为尚书。

傉檀燕群臣于宣德堂，仰视叹曰：『古人有言：「作者不居，居者不作。」信矣。』武威孟祎曰：『昔张文王始为此堂，于今百年，十有二主矣，惟履信思顺者可以久处。』傉檀善之。

魏主珪规度平城，欲拟邺、洛、长安，修广宫室。以济阳太守莫题有巧思，召见，

与之商功。题久侍稍怠，珪怒，赐死。题，含之孙也。于是发八部五百里内男丁筑灅南宫，阙门高十馀丈，穿沟池，广苑囿，规立外城，方二十里，分置市里，三十日罢。

秋，七月，魏太尉宜都丁公穆崇薨。

八月，秃发傉檀以兴城侯文支镇姑臧，自还乐都；虽受秦爵命，然其车服礼仪，皆如王者。

甲辰，魏主珪如豺山宫，遂之石漠。九月，度漠北；癸巳，南还长川。

刘裕闻谯纵反，遣龙骧将军毛修之将兵与司马荣期、文处茂、时延祖共讨之。修之至宕渠，荣期为其参军杨承祖所杀。承祖自称巴州刺史，修之退还白帝。

秃发傉檀求好于西凉，西凉公暠许之。沮渠蒙逊袭酒泉，至安珍。暠战败，城守，蒙逊引还。

南燕公孙五楼欲擅朝权，谮北地王钟于南燕主超，请诛之。南燕主备德之卒也，慕容法不奔丧，超遣使让之；法惧，遂与钟及段宏谋反。超闻之，征钟，钟称疾不至。超收其党侍中慕容统等，杀之。征南司马卜珍告左仆射封嵩数与法往来，疑有奸，超收嵩下廷尉。太后惧，泣告超曰：『嵩数遣黄门令牟常说吾云：『帝非太后所生，恐依永康故事。』我妇人识浅，恐帝见杀，即以语法。法为谋见误，知复何言。』超乃车裂嵩。西中郎将封融奔魏。

超遣慕容镇攻青州，慕容昱攻徐州，右仆射济阳王凝及韩范攻兖州。昱拔莒城，段宏奔魏。封融与群盗袭石塞城，杀镇西大将军馀郁，国中振恐。济阳王凝谋杀韩范，袭广固，范知之，勒兵攻凝，凝奔梁父；范并将其众，攻梁父，克之。法出奔魏，凝出奔秦。慕容镇克青州，钟杀其妻子，为地道以出，与高都公始皆奔秦。秦以钟为始平太守，凝为侍中。

南燕主超好变更旧制，朝野多不悦；又欲复肉刑，增置烹轘之法，众议不合而止。

冬，十月，封孚卒。

尚书论建义功，奏封刘裕豫章郡公，刘毅南平郡公，何无忌安城郡公，自馀封赏有差。

梁州刺史刘稚反，刘毅遣将讨禽之。

庚申，魏主珪还平城。

乙亥，以左将军孔安国为尚书左仆射。

十一月，秃发傉檀迁于姑臧。

乞伏乾归入朝于秦。

[illegible]

[illegible]

[illegible]

五月。壬戌。燕尚书郎苻进谋反。诛。进。定之子也。

[illegible]

[illegible]

[illegible]

[illegible]

[illegible]

[illegible]

[illegible]

[illegible]

[illegible]

[illegible]

[illegible]

[illegible]

[illegible]

[illegible]

[illegible]

[illegible]

[illegible]

[illegible]

[illegible]

秦王兴以乞伏乾归浸强难制。留为主客尚书。以其世子炽磐行西夷校尉。监其部众。

春。正月。辛丑朔。燕大赦。改元建始。

三年（丁未。公元四〇七年）

[illegible]

[illegible]

十二月。[illegible]

十二月，以何无忌为都督荆、江、豫三州八郡军事、江州刺史。

是岁，桓石绥与司马国璠、陈袭聚众胡桃山为寇，刘毅遣司马刘怀肃讨破之。石绥，石生之弟也。

三年（丁未，公元四〇七年）

春，正月，辛丑朔，燕大赦，改元建始。

秦王兴以乞伏乾归寖强难制，留为主客尚书，以其世子炽磐行西夷校尉，监其部众。

二月，己酉，刘裕诣建康，固辞新所除官，欲诣廷尉；诏从其所守，裕乃还丹徒。

魏主珪立其子修为河间王，处文为长乐王，连为广平王，黎为京兆王。

殷仲文素有才望，自谓宜当朝政，悒悒不得志；出为东阳太守，尤不乐。何无忌素慕其名，东阳，无忌所统，仲文许便道修谒，无忌喜，钦迟之。而仲文失志恍惚，遂不过府；无忌以为薄己，大怒。会南燕入寇，无忌言于刘裕曰：『桓胤、殷仲文乃腹心之疾，北虏不足忧也。』闰月，刘裕府将骆冰谋作乱，事觉，裕斩之。因言冰与仲文、桓石松、曹靖之、卞承之、刘延祖潜相连结，谋立桓胤为主，皆族诛之。

燕王熙为其后苻氏起承华殿，负土于北门，土与谷同价。宿军典军杜静载棺诣阙极

谏，熙斩之。

苻氏尝季夏思冻鱼，仲冬须生地黄，熙下有司切责不得而斩之。

夏，四月，癸丑，苻氏卒，熙哭之懑绝，久而复苏；丧之如父母，服斩衰，食粥，命百官于宫内设位而哭，使人按检哭者，无泪则罪之，群臣皆含辛以为泪。高阳王妃张氏，熙之嫂也，美而有巧思，熙欲以为殉，乃毁其襚靴中得弊毡，遂赐死。右仆射韦璆等皆恐为殉，沐浴俟命。公卿以下至兵民，户率营陵，费殚府藏。陵周围数里，熙谓监作者曰：『善为之，朕将继往。』

丁酉，燕太后段氏去尊号，同居外宫。

氐王杨盛以平北将军苻宣为梁州督护，将兵入汉中，秦梁州别驾吕莹等起兵应之。刺史王敏攻之，莹等求援于盛，盛遣军临浕口，敏退屯武兴。盛复通于晋，晋以盛为都督陇右诸军事、征西大将军、开府仪同三司，盛因以宣行梁州刺史。

五月，壬戌，燕尚书郎苻进谋反，诛。进，定之子也。

魏主珪北巡，至濡源。

魏常山王遵以罪赐死。

初，魏主珪灭刘卫辰，其子勃勃奔秦，秦高平公没弈干以女妻之。勃勃魁岸，美容

仪，性辩慧，秦王兴见而奇之，与论军国大事，宠遇逾于勋旧。兴弟邕谏曰：『勃勃不可近也。』兴曰：『勃勃有济世之才，吾方与之平天下，奈何逆忌之！』乃以为安远将军，使助没弈干镇高平，以三城、朔方杂夷及卫辰部众三万配之，使伺魏间隙。邕固争以为不可，兴曰：『卿何以知其为人？』邕曰：『勃勃奉上慢，御众残，贪猾不仁，轻为去就。宠之逾分，恐终为边患。』兴乃止。久之，竟以勃勃为安北将军、五原公，配以三交五部鲜卑及杂虏二万馀落，镇朔方。

魏主珪归所虏秦将唐小方于秦。秦王兴请归贺狄干，仍送良马千匹以赎狄伯支；珪许之。

勃勃闻秦复与魏通而怒，乃谋叛秦。柔然可汗社仑献马八千匹于秦，至大城，勃勃掠取之，悉集其众三万馀人，伪畋于高平川，因袭杀没弈干而并其众。

勃勃自谓夏后氏之苗裔，六月，自称大夏天王、大单于，大赦，改元龙升，置百官。以其兄右地代为丞相，封代公；力俟提为大将军，封魏公；叱干阿利为御史大夫，封梁公；弟阿利罗引为司隶校尉，若门为尚书令，叱以鞬为左仆射，乙斗为右仆射。

贺狄干久在长安，常幽闭，因习读经史，举止如儒者。及还，魏主珪见其言语衣服皆类秦人，以为慕而效之，怒，并其弟归杀之。

秦王兴以太子泓录尚书事。

秋，七月，戊戌朔，日有食之。

汝南王遵之坐事死。遵之，亮之五世孙也。

癸亥，燕王熙葬其后苻氏于徽平陵，丧车高大，毁北门而出，熙被发徒跣，步从二十馀里。甲子，大赦。

初，中卫将军冯跋及弟侍御郎素弗皆得罪于熙，熙欲杀之，跋兄弟亡命山泽。熙赋役繁数，民不堪命；跋、素弗与其从弟万泥谋曰：『吾辈还首无路，不若因民之怨，共举大事，可以建公侯之业。事之不捷，死未晚也。』遂相与乘车，使妇人御，潜入龙城，匿于北部司马孙护之家。及熙出送葬，跋等与左卫将军张兴及苻进馀党作乱。跋素与慕容云善，乃推云为主。云以疾辞，跋曰：『河间淫虐，人神共怒，此天亡之时也。公，高氏名家，何能为人养子，而弃难得之运乎？』扶之而出。跋弟乳陈等帅众攻弘光门，鼓噪而进，禁卫皆散走；遂入宫授甲，闭门拒守。中黄门赵洛生走告于熙，熙曰：『鼠盗何能为！朕当还诛之。』乃置后柩于南苑，收发贯甲，驰还赴难。夜，至龙城，攻北门，不克，宿于门外。乙丑，云即天王位，大赦，改元正始。

熙退入龙腾苑，尚方兵褚头逾城从熙，称营兵同心效顺，唯俟军至。熙闻之，惊走

而出，左右莫敢迫。熙从沟下潜遁，良久，左右怪其不还，相与寻之，唯得衣冠，不知所适。中领军慕容拔谓中常侍郭仲曰：『大事垂捷，而帝无故自惊，深可怪也。然城内企迟，至必成功，不可稽留。吾当先往趣城，卿留待帝，得帝，速来；若帝未还，吾得如意安抚城中，徐迎未晚。』乃分将壮士二千余人登北城。将士谓熙至，皆投仗请降。既而熙久不至，拔兵无后继，众心疑惧，复下城赴苑，遂皆溃去。拔为城中人所杀。丙寅，熙微服匿于林中，为人所执，送于云，云数而杀之，并其诸子。云复姓高氏。

幽州刺史上庸公懿以令支降魏，魏以懿为平州牧、昌黎王。懿，评之孙也。

魏主珪自濡源西如参合陂，乃还平城。

秃发傉檀复贰于秦，遣使邀乞伏炽磐，炽磐斩其使，送长安。

南燕主超母妻犹在秦，超遣御史中丞封恺使于秦以请之。秦王兴曰：『昔苻氏之败，太乐诸伎悉入于燕。燕今称藩，送伎或送吴口千人，所请乃可得也。』超与群臣议之，左仆射段晖曰：『陛下嗣守社稷，不宜以私亲之故遂降尊号；且太乐先代遗音，不可与也，不如掠吴口与之。』尚书张华曰：『侵掠邻国，兵连祸结，此既能往，彼亦能来，非国家之福也。陛下慈亲在人掌握，岂可靳惜虚名，不为之降屈乎！』中书令韩范尝与秦王俱为苻氏太子舍人，若使之往，必得如志。』超从之，乃使韩范聘于秦，称藩奉

表。

慕容凝言于兴曰：『燕王得其母妻，不可复臣，宜先使送伎。』兴乃谓范曰：『朕归燕王家属必矣；然今天时尚热，当俟秋凉。』八月，秦使员外散骑常侍韦宗聘于燕。超与群臣议见宗之礼，张华曰：『陛下前既奉表，今宜北面受诏。』封逞曰：『大燕七圣重光，奈何一旦为竖子屈节！』超曰：『吾为太后屈，愿诸君勿复言！』遂北面受诏。

毛修之与汉嘉太守冯迁合兵击杨承祖，斩之。修之欲进讨谯纵，益州刺史鲍陋不可。修之上表言：『人之所以重生，实有生理可保。臣之情地，生涂已竭，所以借命朝露者，庶凭天威诛夷仇逆。今屡有可乘之机，而陋每违期不赴，臣虽效死寇庭，而救援理绝，将何以济！』刘裕乃表襄城太守刘敬宣帅众五千伐蜀，以刘道规为征蜀都督。

魏主珪如豺山宫。候官告：『司空庾岳服饰鲜丽，行止风采，拟则人君。』珪收岳，杀之。

北燕王云以冯跋为都督中外诸军事、开府仪同三司、录尚书事，冯万泥为尚书令，冯素弗为昌黎尹，冯弘为征东大将，孙护为尚书左仆射，张兴为辅国大将军。弘，跋之弟也。

四年（戊申，公元四〇八年）

夏，西涼公暠以前表未報，復遣沙門法泉間行奉表詣建康。

十二月，戊子，武岡文恭侯王謐薨。

魏主珪如豺山宮。

[illegible]

[illegible]

[illegible]

[illegible]

[illegible]

[illegible]

[illegible]

[illegible]

[illegible]

[illegible]

[illegible]

[illegible]

[illegible]

[illegible]

[illegible]

[illegible]

[illegible]

[illegible]

[illegible]

[illegible]

[illegible]

[illegible]

[illegible]

[illegible]

[illegible]……大赦。

[illegible]

九月，谯纵称藩于秦。

秃发傉檀将五万馀人伐沮渠蒙逊，蒙逊与战于均石，大破之。

蒙逊进攻西郡太守杨统于日勒，降之。

冬，十月，秦河州刺史彭奚念叛，降于秃发傉檀，秦以乞伏炽磐行河州刺史。

南燕主超使左仆射张华、给事中守正元献太乐伎一百二十人于秦，秦王兴乃还超母妻，厚其资礼而遣之，超亲帅六宫迎于马耳关。

夏王勃勃破鲜卑薛干等三部，降其众以万数，进攻秦三城已北诸戍，斩秦将杨丕、姚石生等。诸将皆曰：「陛下欲经营关中，宜先固根本，使人心有所凭系。高平山川险固，土田肥沃，可以定都。」勃勃曰：「陛下欲经营关中，宜先固根本，使人心有所凭系。高平山川险固，土田饶沃，可以定都。」勃勃曰：「卿知其一，未知其二。吾大业草创，士众未多。姚兴亦一时之雄，诸将用命，关中未可图也。我今专固一城，彼必并力于我，众非其敌，亡可立待。不如以骁骑风驰，出其不意，救前则击后，救后则击前。使彼疲于奔命，我则游食自若。不及十年，岭北、河东尽为我有。待兴既死，嗣子暗弱，徐取长安，在吾计中矣。」于是侵掠岭北，岭北诸城门不昼启。兴乃叹曰：「吾不用黄儿之言，以至于此！」

勃勃求婚于秃发傉檀，傉檀不许。十一月，勃勃帅骑二万击傉檀，至于支阳，杀伤万馀人，驱掠二万七千馀口、牛马羊数十万而还。傉檀帅众追之，焦朗曰：「勃勃天资雄健，御军严整，未可轻也。不如从温围北渡，趣万斛堆，阻水结营，扼其咽喉，百战百胜之术也。」傉檀将贺连怒曰：「勃勃败亡之馀，乌合之众，奈何避之，示之以弱！宜急追之！」傉檀从之。勃勃于阳武下峡凿凌埋车以塞路，勒兵逆击傉檀，大破之，追奔八十馀里，杀伤万计，名臣勇将死者什六七。傉檀与数骑奔南山，几为追骑所得。勃勃积尸而封之，号曰髑髅台。勃勃又败秦将张佛生于青石原，俘斩五千馀人。

傉檀惧外寇之逼，徙三百里内民皆入姑臧；国人骇怨，屠各成七儿因之作乱，一夕聚众至数千人。殿中都尉张猛大言于众曰：「主上阳武之败，盖恃众故也。责躬悔过，何损于明，而诸君遽从此小人为不义之事！殿中兵今至，祸在目前矣！」众闻之，皆散；七儿奔晏然，追斩之。军咨祭酒染裒、辅国司马边宪等谋反，傉檀皆杀之。

魏主珪还平城。

十二月，戊子，武冈文恭侯王谧薨。

是岁，西凉公暠以前表未报，复遣沙门法泉间行奉表诣建康。

四年（戊申，公元四〇八年）

春，正月，甲辰，以琅邪王德文领司徒。

刘毅等不欲刘裕入辅政，议以中领军谢混为扬州刺史，或欲令裕于丹徒领扬州，以内事付孟昶。遣尚书右丞皮沈以二议咨裕，沈先见裕记室录事参军刘穆之，具道朝议。穆之伪起如厕，密疏白裕曰：『皮沈之言不可从。』裕既见沈，且令出外，呼穆之问之。穆之曰：『晋朝失政日久，天命已移。公兴复皇祚，勋高位重，今日形势，岂得居谦，遂为守藩之将耶！刘、孟诸公，与公俱起布衣，共立大义以取富贵，事有前后，故一时相推，非为委体心服，宿定臣主之分也。力敌势均，终相吞噬。扬州根本所系，不可假人。前者以授王谧，事出权道；今若复以他授，便应受制于人。一失权柄，无由可得，将来之危，难可熟念。今朝议如此，宜相酬答，必云在我，措辞又难，唯应云：「神州治本，宰辅崇要，此事既大，非可悬论，便暂入朝，共尽同异。」公至京邑，彼必不敢越公更授余人明矣。』裕从之。朝廷乃征裕为侍中、车骑将军、开府仪同三司、扬州刺史、录尚书事，徐、兖二州刺史如故。裕表解兖州，以诸葛长民为青州刺史，镇丹徒，刘道怜为并州刺史，戍石头。

庚申，武陵忠敬王遵薨。

魏主珪如豺山宫，遂至宁川。

南燕主超尊其母段氏为皇太后，妻呼延氏为皇后。超祀南郊，有兽如鼠而赤，大如马，来至坛侧。须臾，大风，昼晦，羽仪帷幄皆毁裂。超惧，以问太史令成公绥，对曰：『陛下信用奸佞，诛戮贤良，赋敛繁多，事役殷重之所致也。』超乃大赦，黜公孙五楼等。俄而复用之。

北燕王云立妻李氏为皇后，子彭城为太子。

三月，庚申，葬燕王熙及苻后于徽平陵，谥熙曰昭文皇帝。

高句丽遣使聘北燕，且叙宗族，北燕王云遣侍御史李拔报之。

夏，四月，尚书左仆射孔安国卒；甲午，以吏部尚书孟昶代之。

北燕大赦。

五月，北燕以尚书令冯万泥为幽、冀二州牧，镇肥如；中军将军冯乳陈为并州牧，镇白狼；抚军大将军冯素弗为司隶校尉；司隶校尉务银提为尚书令。

谯纵遣使称藩于秦，又与卢循潜通。纵上表请桓谦于秦，欲与之共击刘裕。秦王兴以问谦，谦曰：『臣之累世，著恩荆、楚，若得因巴、蜀之资，顺流东下，士民必翕然响应。』兴曰：『小水不容巨鱼，若纵之才力自足办事，亦不假君以为鳞翼。宜自求多福。』遂遣之。谦至成都，虚怀引士；纵疑之，置于龙格，使人守之。谦泣谓诸弟曰：

『姚主之言神矣！』

秦王兴以秃发傉檀外内多难，欲因而取之，使尚书郎韦宗往觇之。傉檀与宗论当世大略，纵横无穷。宗退，叹曰：『奇才英器，不必华夏，明智敏识，不必读书，吾乃今知九州之外，《五经》之表，复自有人也。』归，言于兴曰：『凉州虽弊，傉檀权谲过人，未可图也。』兴曰：『刘勃勃以乌合之众犹能破之，况我举天下之兵以加之乎！』宗曰：『不然。形移势变，返覆万端，陵人者易败，戒惧者难攻。傉檀之所以败于勃勃者，轻之也。今我以大军临之，彼必惧而求全。臣窃观群臣才略，无傉檀之比者，虽以天威临之，亦未敢保其必胜也。』兴不听，使其子中军将军广平公弼、后军将军敛成、镇远将军乞伏乾归帅步骑三万袭傉檀，左仆射齐难帅骑二万讨勃勃。吏部尚书尹昭谏曰：『傉檀恃其险远，故敢违慢；不若诏沮渠蒙逊及李暠讨之，使自相困毙，不必烦中国之兵也。』亦不听。

兴遗傉檀书曰：『今遣齐难讨勃勃，恐其西逸，故令弼等于河西邀之。』傉檀以为然，遂不设备。弼济自金城，姜纪言于弼曰：『今王师声言讨勃勃，傉檀犹豫，守备未严，愿给轻骑五千，掩其城门，则山泽之民皆为吾有，孤城无援，可坐克也。』弼不从。进至漠口，昌松太守苏霸闭城拒之，弼遣人谕之使降，霸曰：『汝弃信誓而伐与国，吾

有死而已，何降之有！』弼进攻，斩之，长驱至姑臧。傉檀婴城固守，出奇兵击弼，破之，弼退据西苑。城中人王钟等谋为内应，事泄，傉檀欲诛首谋者而赦其馀，前军将军伊力延侯曰：『今强寇在外，而奸人窃发于内，危孰甚焉！不悉坑之，何以惩后！』傉檀从之，杀五千馀人。命郡县悉散牛羊于野，敛成纵兵钞掠；傉檀遣镇北大将军俱延、镇军将军敬归等击之，秦兵大败，斩首七千馀级。姚弼固垒不出，傉檀攻之，未克。

秋，七月，兴遣卫大将军常山公显帅骑二万，为诸军后继，至高平，闻弼败，倍道赴之。显遣善射者孟钦等五人挑战于凉风门，弦未及发，傉檀材官将军宋益等迎击，斩之。显乃委罪敛成，遣使谢傉檀，慰抚河外，引兵还。傉檀遣使者徐宿诣秦谢罪。

夏王勃勃闻秦兵且至，退保河曲。齐难以勃勃既远，纵兵野掠。勃勃潜师袭之，俘斩七千馀人。难引兵退走，勃勃追至木城，禽之，虏其将士万三千人。于是岭北夷、夏附于勃勃者以万数，勃勃皆置守宰以抚之。

司马叔璠自蕃城寇邹山，鲁郡太守徐邕弃城走，车骑长史刘钟击却之。

北燕王云封慕容归为辽东公，使主燕祀。

刘敬宣既入峡，遣巴东太守温祚以二千人出外水，自帅益州刺史鲍陋、辅国将军文处茂、龙骧将军时延祖由垫江转战而前。谯纵求救于秦，秦王兴遣平西将军姚赏、南梁

州刺史王敏将兵二万赴之。敬宣军至黄虎，去成都五百里。纵辅国将军谯道福悉众拒嶮，相持六十馀日，敬宣不得进；食尽，军中疾疫，死者太半，乃引军还，敬宣坐免官，削封三分之一，荆州刺史刘道规以督统降号建威将军。九月，刘裕以敬宣失利，请逊位，诏降为中军将军，开府如故。刘毅欲以重法绳敬宣，裕保护之，何无忌谓毅曰：「奈何以私憾伤至公！」毅乃止。

乞伏炽磐以秦政浸衰，且畏秦之攻袭，冬，十月，招结诸部二万馀人筑城于嵻崀山而据之。

十一月，秃发傉檀复称凉王，大赦，改元嘉平，置百官。立夫人折掘氏为王后，世子武台为太子，录尚书事。左长史赵晁、右长史郭幸为尚书左、右仆射，昌松侯俱延为太尉。

南燕汝水竭。河冻皆合，而渑水不冰。南燕王超恶之，问于李宣，对曰：「渑水无冰，良由逼带京城，近日月也。」超大悦，赐朝服一具。

十二月，乞伏炽磐攻彭奚念于枹罕，为奚念所败而还。

是岁，魏主珪杀高邑公莫题。初，拓跋窟咄之伐珪也，题以珪年少，潜以箭遗窟咄曰：「三岁犊岂能胜重载邪！」珪心衔之。至是，或告题居处倨傲，拟则人主者，珪使人以箭示题而谓之曰：「三岁犊果如何？」题父子对泣。诘朝，收斩之。